As Velas.

Seus Poderes Esotéricos

Aprende a interpretá-los e a usá-los em rituais.

Angeline Rubi e Alina A. Rubi

As velas, como instrumentos de iluminação carregados de simbolismo espiritual, recuperaram nos últimos anos a proeminência que ocupavam nas antigas tradições místicas e cerimoniais. Desde tempos antigos, a humanidade viu na chama de uma vela muito mais do que uma simples fonte de luz. O seu fogo representa transformação, esperança, proteção e ligação com as forças invisíveis que rodeiam a existência. Acender uma vela é abrir um pequeno portal de intenção onde o silêncio, a energia e o pensamento se juntam para criar uma atmosfera especial. Ao longo dos séculos, diferentes culturas usaram velas nos templos, rituais sagrados, cerimónias espirituais e práticas esotéricas destinadas a atrair amor, prosperidade, proteção ou cura emocional.

A magia das velas não pertence apenas ao mundo dos feiticeiros, feiticeiros ou videntes. Na verdade, quase toda a gente já realizou algum tipo de ritual à luz de velas sem se aperceber. Um jantar romântico à luz de velas, uma oração em frente a uma pequena chama, um banho relaxante acompanhado por uma luz ténue ou até acender uma vela em momentos de tristeza ou esperança são formas simples de ritualização diária. A vela transforma o ambiente e também modifica o estado emocional daqueles que a observam. A sua chama gera calma, introspeção e um sentido de refúgio que poucas coisas podem oferecer no meio do ruído e das preocupações diárias.

Durante séculos, as velas foram consideradas ferramentas capazes de canalizar energias, despertar a intuição e criar o espaço certo para meditação, encantamentos e práticas espirituais. Os antigos videntes observavam o movimento das chamas e o comportamento da cera para interpretar mensagens simbólicas, enquanto curandeiros e praticantes espirituais usavam-nas para limpar ambientes carregados, fortalecer petições ou proteger casas e pessoas. A luz de uma vela tem a capacidade de concentrar a mente e direcionar a intenção, tornando-se uma ponte entre o pensamento humano e o universo espiritual.

Os rituais à luz de velas ajudam a conectar-se com o inconsciente, promovem o relaxamento e facilitam estados profundos de meditação e contemplação. Muitas pessoas encontram nelas uma forma simples de se reconectarem consigo mesmas, aliviar a ansiedade e recuperar o equilíbrio emocional. Observar uma chama durante alguns minutos pode tornar-se um exercício poderoso de calma interior, especialmente em momentos em que o stress, a pressa e as preocupações dominam o dia a dia. As velas permitem-lhe criar um espaço íntimo e sagrado onde a alma descansa e a mente encontra o silêncio.

Cada cor de vela tem um significado especial dentro das tradições esotéricas. Velas brancas simbolizam pureza e proteção; os vermelhos estão relacionados com paixão, força e amor; os verdes atraem prosperidade e abundância; os azuis favorecem a paz e a harmonia emocional; enquanto as violetas são usadas para espiritualidade e transformação interior. Ao longo da história, as pessoas aprenderam a combinar cores, aromas, ervas e símbolos para reforçar as suas intenções e dar maior força aos seus rituais.

Utilizando velas, é possível realizar práticas destinadas à proteção energética e ao bem-estar emocional. Muitas tradições afirmam que as velas ajudam a lidar com energias negativas relacionadas com inveja, ciúme, ressentimento, discórdia, tristeza ou medo. Também são usados para reforçar a confiança, atrair serenidade e criar ambientes mais harmoniosos dentro da casa. Em tempos difíceis, a simples presença de uma vela acesa pode tornar-se um símbolo de esperança e resiliência emocional. Porque, embora o mundo moderno viva rodeado de luzes artificiais e ecrãs brilhantes, a pequena chama de uma vela continua a despertar algo antigo, misterioso e profundamente humano dentro de nós.

Um Pouco de História

A origem das velas está profundamente ligada à história do fogo e à necessidade humana de iluminar a escuridão. Embora seja impossível determinar exatamente quando as primeiras velas começaram a ser usadas ou como foram originalmente fabricadas, existem inúmeros registos históricos que nos permitem reconstruir parte da sua evolução ao longo dos séculos. Muito antes da eletricidade, a chama de uma vela representava segurança, orientação e proteção contra os perigos da noite. No entanto, para além da sua função prática, as velas começaram também a adquirir um importante valor espiritual e simbólico em várias civilizações antigas.

Acredita-se que alguns dos primeiros povos a fabricar elementos semelhantes a velas foram os etruscos, que faziam uma mistura de sebo e cera que enrolavam em torno de um pavio obtido da medula de certas plantas. Essas velas primitivas eram rudimentares, mas marcaram o início de uma tradição que, com o tempo, evoluiria tanto em técnicas de fabrico como em significados espirituais. À medida que as sociedades avançavam, a luz de velas deixou de ser apenas uma ferramenta de iluminação e tornou-se um elemento associado a cerimónias, rituais e práticas religiosas.

Determinar exatamente quais foram as primeiras civilizações a usar velas de forma semelhante à que conhecemos hoje é uma tarefa complexa. No entanto, existem textos antigos que mostram como diferentes culturas deram à luz um carácter sagrado. Entre os povos celtas, por exemplo, os sacerdotes realizavam cerimónias e transmitiam ensinamentos espirituais em grutas iluminadas apenas por chamas. Para eles, a luz simbolizava sabedoria, proteção e ligação com os deuses. Velas e tochas faziam parte de rituais dedicados à natureza, aos ciclos da vida e às forças invisíveis que governavam o universo.

No mundo hebraico, velas e castiçais ocupavam o centro do palco na tradição espiritual. O símbolo mais representativo do povo judeu era a Menorá, um candelabro de sete braços associado à luz divina, à sabedoria e à presença de Deus. A chama acesa representava continuidade espiritual e fé que precisava de ser mantida viva mesmo nos tempos mais difíceis. Ao longo dos séculos, as velas continuaram a ser usadas em festividades, cerimónias religiosas e momentos de oração.

Na Roma Antiga, as velas eram chamadas de "cerus" e eram feitas de alma de junco mergulhada em cera de abelha. O termo "candela" vem do verbo latino "candere", que significa brilhar ou brilhar. Embora os romanos usassem frequentemente candeeiros a óleo e lâmpadas a óleo para iluminar as suas casas, as velas tinham um uso especial em contextos religiosos e cerimoniais. Nas catacumbas de Roma, os primeiros cristãos acendiam velas como símbolo de fé e esperança durante encontros secretos, rituais fúnebres e atos de devoção espiritual. No entanto, alguns filósofos da época consideravam que o uso cerimonial de velas poderia representar uma ligação perigosa com práticas pagãs antigas.

No cristianismo, existem testemunhos do uso de velas desde aproximadamente o século III d.C. As chamas começaram a fazer parte de batismos, procissões, vigílias e procissões fúnebres. A luz de uma vela simbolizava a presença divina, a pureza espiritual e a vitória da luz sobre as trevas. Com o passar do tempo, esta tradição espalhou-se por toda a Europa e integrou-se profundamente na liturgia cristã.

Na França antiga, as velas feitas com cera de abelha tornaram-se populares, consideradas mais puras e duráveis do que as feitas com gordura animal. Durante a Idade Média, velas eram feitas em várias regiões da Ásia usando gorduras animais e diferentes óleos naturais. Foi precisamente durante este período medieval que as velas adquiriram uma relação ainda mais intensa com o mundo esotérico e místico. Feiticeiros, alquimistas, astrólogos e praticantes do ocultismo começaram a usá-los como ferramentas indispensáveis em rituais, invocações e práticas espirituais destinadas a atrair proteção, amor, prosperidade ou conhecimento oculto.

Com a chegada do século XVIII, a fabricação de velas sofreu avanços importantes. Começaram a ser feitos com parafina, ácidos gordos sólidos, gorduras animais hidrogenadas e, por vezes, cera de abelha refinada. Estes novos materiais permitiram criar velas mais resistentes, limpas e duráveis. A partir daí, as velas deixaram de ser um luxo reservado apenas a templos ou classes privilegiadas e passaram a fazer parte do quotidiano de milhões de pessoas.

Apesar da passagem dos séculos e dos enormes avanços tecnológicos, as velas continuam a manter um profundo significado espiritual e emocional. A sua chama continua a representar esperança, proteção, introspeção e ligação com o sagrado. Ainda hoje, muitas pessoas recorrem às velas não só para iluminar espaços, mas também para criar ambientes pacíficos, realizar meditações, acompanhar rituais espirituais ou simplesmente encontrar um momento de calma no meio do caos moderno.

Razões pelas quais acendemos uma vela

As razões que levam cada pessoa a acender uma vela são tão diversas quanto a própria experiência humana. Algumas pessoas fazem-no em busca da paz interior, outras por tradição familiar, fé, esperança, proteção ou simplesmente pela necessidade de se sentirem acompanhadas em tempos difíceis. Há quem acenda uma vela para pedir amor, saúde, prosperidade ou orientação espiritual, enquanto outros o fazem para recordar alguém querido, meditar ou encontrar calma emocional. É impossível determinar exatamente todos os motivos que impulsionam este ato, porque cada chama acesa tem uma intenção diferente, uma emoção pessoal e um desejo silencioso que muitas vezes nem sequer pode ser explicado em palavras.

No entanto, para além das diferenças culturais ou religiosas, há algo que une todos os seres humanos: a necessidade de procurar respostas para além do mundo físico e material. Desde tempos antigos, a humanidade tentou compreender os mistérios da vida, do destino, da morte e do universo. Todos nós, em algum momento, procuramos um sinal, um guia, uma luz que nos permita encontrar significado no meio da incerteza. A necessidade de acreditar em algo superior, de ter fé e de sentir que existe uma força invisível capaz de ouvir os nossos pedidos, tem acompanhado os seres humanos desde o início da civilização.

A luz sempre representou a ponte simbólica entre o homem e o divino. Em muitas culturas antigas, o fogo era considerado um elemento sagrado relacionado com a espiritualidade, purificação e transformação. As chamas simbolizavam o poder criativo da natureza, a energia dos deuses e a capacidade de transformar a escuridão em clareza. Por esta razão, o fogo ocupava um lugar central nos rituais, cerimónias religiosas e práticas espirituais em praticamente todas as civilizações antigas. Acender uma chama era visto como um ato de ligação com forças superiores e com os mistérios invisíveis do universo.

Fogo e luz são precisamente os dois grandes elementos que encontramos numa vela. Uma ferramenta aparentemente simples, criada pelo homem, mas carregada de um simbolismo profundo. A vela ilumina fisicamente os espaços, mas também representa a procura pela iluminação interior. A sua chama inspira recordação, introspeção e esperança. De muitas formas, as velas tornaram-se um reflexo da necessidade humana de compreender a existência, de combater a escuridão emocional e de tentar compreender o próprio destino.

Acender velas faz parte de uma tradição tão antiga que parece ter sido integrada na memória coletiva da humanidade. Mesmo as pessoas mais racionais ou afastadas da espiritualidade são frequentemente atraídas pela calma e mistério que uma chama acesa transmite. Ao longo da história, nem mesmo os cientistas, filósofos ou pensadores mais destacados conseguiram responder plenamente a todos os enigmas relacionados com a existência, consciência ou origem do universo. Ainda há perguntas sem resposta, fenómenos inexplicáveis e mistérios que continuam a despertar curiosidade e admiração. Talvez seja por isso que a luz das velas continua a ter um poder emocional tão forte mesmo no meio da era tecnológica.

Em geral, a maioria das civilizações baseou grande parte do seu desenvolvimento no domínio do fogo e nas múltiplas funções que este oferecia. Desde os paus rústicos, impregnados de gordura, usados pelos primeiros humanos, às tochas feitas de resina natural, até grandes fogueiras a lenha, o fogo era essencial para a sobrevivência e o progresso. Mais tarde, civilizações como os egípcios, assírios, fenícios, gregos e romanos aperfeiçoaram diferentes sistemas de iluminação usando óleos naturais como combustível. Cada avanço permitia que a luz acompanhasse as atividades humanas por mais tempo, mas também reforçava o seu significado espiritual e cerimonial.

Ao longo dos séculos, as velas deixaram de ser apenas objetos práticos e começaram a ocupar um lugar importante na espiritualidade, religião e esoterismo. A sua presença continua a ser um símbolo de esperança, fé e transformação. Porque, embora o mundo tenha mudado, a pequena chama de uma vela continua a despertar nos seres humanos o mesmo sentido ancestral de proteção, mistério e ligação com algo muito maior do que eles próprios.

A Linguagem das Velas

As velas têm sido consideradas durante séculos como instrumentos capazes de transmitir mensagens simbólicas através do comportamento das suas chamas, dos pavios e da forma como a cera é consumida. Nas antigas tradições esotéricas, acredita-se que as velas funcionam como canais de energia que refletem emoções, bloqueios, mudanças e circunstâncias relacionadas com a vida da pessoa que realiza um ritual ou pedido espiritual. Por esta razão, muitas culturas desenvolveram sistemas de interpretação baseados no movimento da chama, fumo, faíscas e formas que aparecem à medida que a vela arde.

A observação de velas não era apenas praticada por feiticeiros, padres ou videntes. Também fazia parte de rituais populares realizados em casas, templos e cerimónias espirituais. Para muitas pessoas, a vela funciona como um espelho energético que revela estados emocionais ocultos, tensões internas ou avisos relacionados com o futuro. Embora estas interpretações pertençam principalmente ao simbolismo espiritual e não à ciência, continuam a ser usadas porque representam uma forma intuitiva e ancestral de procurar respostas em meio à incerteza.

Quando uma vela produz pequenas faíscas ao arder, é tradicionalmente interpretada como um sinal de humidade no ambiente ou de energias inquietas em torno da situação consultada. A nível espiritual, algumas crenças afirmam que estas faíscas anunciam conversas importantes, notícias inesperadas ou emoções intensas que ainda não estabilizaram. Se o som da vela for também alto ou constante, pode simbolizar tensões emocionais acumuladas ou conflitos que em breve virão à tona.

Se for difícil acender uma vela, considera-se que o ambiente energético está carregado de bloqueios, stress ou vibrações negativas. Também pode indicar que a pessoa está a passar por momentos de exaustão emocional, medo ou falta de clareza sobre o que realmente quer pedir. Muitas tradições recomendam, nestes casos, primeiro realizar uma limpeza espiritual ou fazer algum tempo de meditação antes de insistir no ritual. A vela pareceria indicar que existe uma resistência interna ou externa que dificulta o avanço da energia.

Quando uma vela produz fumo a mais, especialmente fumo escuro ou espesso, a interpretação está frequentemente relacionada com dúvidas, pensamentos negativos ou conflitos emocionais. Fumo excessivo simboliza obstáculos, preocupações ou situações confusas que ainda precisam de tempo para serem dissipadas. Algumas correntes esotéricas consideram que o fumo também pode representar energias densas acumuladas no ambiente ou emoções reprimidas que tentam ser libertadas.

O pavio da vela também tem um forte significado simbólico. Se o pavio for dividido em dois, é interpretado como sinal de indecisão, contradições internas ou falta de clareza no pedido feito. Pode simbolizar dúvidas emocionais, caminhos divididos ou pensamentos contraditórios que impedem a energia de avançar corretamente. No entanto, se o pavio brilhar intensamente e a chama permanecer firme e luminosa, a interpretação é geralmente positiva. Este brilho representa proteção espiritual, clareza mental e boas hipóteses de sucesso no que pretende alcançar.

Existe uma crença muito popular relacionada com as velas que "choram", ou seja, aquelas que derramam uma grande quantidade de cera pelos lados. Dentro do simbolismo espiritual, a cera vertida representa obstáculos emocionais, tristeza, conflitos ou energias negativas que interferem com o cumprimento do pedido. Em alguns casos, também é interpretado como um sinal de libertação emocional, como se a vela estivesse a absorver tensões ou a descarregar energias pesadas acumuladas à volta da pessoa.

Quando uma vela é consumida completamente e de forma limpa, sem se apagar ou produzir fumo ou cera em excesso, é considerada um dos sinais mais positivos. Isto simboliza equilíbrio, harmonia e caminhos abertos para que o pedido possa ser satisfeito favoravelmente. Uma combustão silenciosa representa estabilidade emocional e ausência de grande interferência energética.

Pelo contrário, quando a chama oscila constantemente sem correntes de ar ou causas físicas óbvias, é interpretada como um anúncio de mudanças importantes na vida da pessoa. As chamas inquietas simbolizam movimento energético, transformação, notícias inesperadas ou situações que ainda não foram totalmente definidas. Algumas tradições afirmam que as oscilações representam emoções intensas ou conflitos internos relacionados com decisões importantes.

Quando várias velas são usadas no mesmo ritual, as interpretações tornam-se ainda mais complexas e interessantes.

Se uma das velas arde com uma chama alta, brilhante e estável, é tradicionalmente considerada um anúncio de boa sorte, sucesso e abertura de caminhos. Essa vela simboliza proteção espiritual e energias favoráveis que acompanham o pedido feito. Quanto mais firme e brilhante a chama, mais forte é a influência positiva sobre o ritual.

No entanto, se a chama de uma vela sobe e desce repetidamente, mudando de intensidade constantemente, muitas tradições interpretam-na como um sinal de perigo, instabilidade ou mudanças inesperadas. Este comportamento pode representar incerteza, tensões emocionais ou circunstâncias externas capazes de alterar os planos da pessoa. Está também associado a momentos em que será necessário agir com prudência e paciência antes de tomar decisões importantes.

A ponta do pavio, exatamente onde nasce a chama, também tem um significado especial quando adquire um brilho intenso. No esoterismo, este fenómeno está relacionado com o sucesso, o reconhecimento e o triunfo no que foi pedido. Se o brilho se mantiver por muito tempo, o sucesso será amplo e duradouro. Se desaparecer rapidamente, o resultado positivo pode ser temporário ou limitado. A duração do brilho é interpretada como uma espécie de medida simbólica da força energética que acompanha o pedido.

Se a chama arde lentamente e permanece pequena ou fraca durante muito tempo, as tradições espirituais consideram que existem obstáculos significativos ou falta de energia suficiente para alcançar os objetivos desejados. Isto pode significar projetos parados, exaustão emocional, dúvidas constantes ou situações destinadas ao fracasso se não houver grandes mudanças de atitude ou circunstâncias.

Um dos movimentos mais perturbadores na interpretação das velas é a chama em espiral, ou aquela que parece rodar sobre si mesma. Segundo muitas crenças, este comportamento simboliza engano, manipulação ou pessoas falsas em torno da pessoa que realiza o ritual. É interpretado como um aviso sobre traições, mentiras, mexericos ou conspirações ocultas. Nestes casos, as tradições recomendam agir discretamente e prestar atenção às verdadeiras intenções daqueles à sua volta.

Se a chama chiar constantemente, o simbolismo está geralmente relacionado com desilusões, discussões ou desilusões emocionais que se aproximam. Algumas correntes afirmam que o som irregular da chama representa energias tensas ou notícias desagradáveis que podem afetar o estado emocional da pessoa que consulta. Não significa necessariamente uma tragédia, mas sim uma experiência capaz de gerar tristeza ou frustração.

Quando uma vela é subitamente apagada sem explicação aparente, as interpretações variam frequentemente consoante o contexto do ritual. Em alguns casos, é considerado um aviso relacionado com perdas familiares, conflitos profissionais ou finais inesperados. Noutras ocasiões, simboliza que a energia precisa de mudar de direção e que a pessoa deve repensar os seus objetivos antes de continuar a insistir no mesmo caminho. Se a vela se apagar e não houver ar ou causa física visível, muitas tradições consideram tempo de refletir profundamente sobre as decisões tomadas e modificar certos planos ou expectativas.

Para além das interpretações místicas, as velas continuam a ser símbolos profundamente ligados à esperança, introspeção e ligação espiritual. Ver uma chama arder desperta emoções antigas e um sentido de mistério difícil de explicar racionalmente. Talvez seja por isso que, mesmo numa era dominada pela tecnologia e pelas luzes artificiais, milhões de pessoas continuam à procura de respostas, calma e significado na linguagem silenciosa das velas.

Significado das Cores da Chama de uma Vela

Dentro das antigas tradições esotéricas, não só o movimento da chama ou a forma como uma vela é consumida possui um significado espiritual. Além disso, as cores que aparecem na chama são consideradas sinais importantes relacionados com as energias, emoções e resultados de um ritual. Para muitos praticantes espirituais, a chama atua como um canal simbólico capaz de revelar mensagens ocultas sobre as circunstâncias em torno de um pedido, o estado energético da pessoa e as forças invisíveis envolvidas no processo.

A cor da chama tem sido interpretada durante séculos como uma manifestação de vibrações espirituais distintas. Algumas correntes acreditam que certos tons aparecem devido à intensidade energética do ritual, enquanto outras tradições afirmam que refletem influências emocionais ou espirituais ou até à presença de entidades protetoras. Embora, do ponto de vista físico, algumas cores possam estar relacionadas com materiais, temperatura ou combustão, no mundo esotérico cada tom adquire um simbolismo especial.

Quando a chama de uma vela adquire um tom azulado, é tradicionalmente interpretada como um sinal positivo relacionado com a comunicação espiritual e a transmissão de pensamentos ou desejos. A cor azul simboliza calma, ligação mental e abertura energética. Em muitos rituais, uma chama azul indica que a pessoa incluída na petição está de alguma forma a receber a mensagem energética enviada. Está também associada à proteção espiritual, serenidade emocional e à presença de energias elevadas que promovem clareza e compreensão. Algumas tradições consideram que chamas azuis aparecem, especialmente quando existem ligações emocionais profundas ou fortes laços espirituais entre as pessoas envolvidas.

Se a chama tiver tons amarelos intensos, o significado está geralmente relacionado com exaustão energética ou fraqueza espiritual. Em muitas interpretações, isto simboliza que a pessoa que realiza o ritual está emocionalmente cansada, confusa ou tem pouca força interior para sustentar a energia do pedido. Também pode indicar resistência ou rejeição por parte da pessoa a quem o trabalho espiritual é dirigido. O amarelo, neste contexto, representa instabilidade emocional, dúvidas ou interferências que dificultam o fluxo correto de energia. Algumas correntes recomendam, quando surgem chamas amarelas fracas ou instáveis, fazer pausas, clareiras energéticas ou reforçar a intenção antes de continuar.

A chama vermelha é considerada uma das mais intensas e poderosas dentro da interpretação esotérica. O vermelho simboliza ação, paixão, força e velocidade. Quando uma vela mostra tons avermelhados na sua chama, é interpretado como sinal de resultados rápidos, eventos intensos ou mudanças que se manifestarão fortemente em pouco tempo. Também pode representar emoções profundas, desejo, coragem e energia de luta. Em rituais relacionados com amor, proteção ou sucesso, uma chama vermelha é frequentemente vista como um indicativo de movimento rápido e respostas imediatas. No entanto, algumas tradições alertam que a velocidade também pode vir acompanhada de impulsividade ou emoções difíceis de controlar.

A chama branca tem um dos significados mais espirituais e positivos dentro do simbolismo das velas. O branco representa pureza, proteção divina, elevação espiritual e paz. Quando uma chama adquire um tom branco ou extremamente claro, muitas tradições acreditam que existe a presença de energias protetoras, anjos ou seres espirituais a ajudar no pedido feito.

Simboliza também a purificação energética, caminhos abertos e harmonia espiritual. As chamas brancas são frequentemente interpretadas como sinais de que a pessoa está a ser guiada ou protegida por forças positivas durante momentos importantes da sua vida.

Por vezes, a chama de uma vela pode apresentar duas cores ao mesmo tempo, criando combinações consideradas especialmente significativas dentro de práticas esotéricas. Segundo as interpretações antigas, quando isto acontece, os significados de ambas as cores devem ser unidas para compreender a mensagem completa. Por exemplo, uma chama azul e branca pode simbolizar comunicação espiritual protegida por energias positivas ou pela presença de seres de luz que favorecem a compreensão emocional. Uma chama vermelha e amarela pode representar resultados rápidos, mas acompanhada de tensões emocionais, exaustão energética ou conflitos internos. As combinações são interpretadas como mensagens mais complexas, onde diferentes forças energéticas interagem simultaneamente.

Para além das crenças espirituais, o simbolismo das chamas continua a despertar fascínio porque se liga a uma necessidade profundamente humana: encontrar significado na luz e nos pequenos detalhes que rodeiam momentos importantes da vida.

As velas continuam a ser símbolos de esperança, introspeção e transformação. O seu fogo não só ilumina espaços físicos, mas também emoções, pensamentos e desejos que muitas vezes permanecem escondidos no silêncio interior de cada pessoa.

Significado das Formas de Cera

Nas antigas tradições esotéricas, a cera deixada por uma vela após ser consumida é considerada uma fonte de símbolos e mensagens relacionadas com o resultado de um ritual, o estado energético de uma pessoa ou as forças invisíveis que rodeiam uma petição. A interpretação da cera pertence a práticas muito antigas de observação espiritual, onde cada figura, silhueta ou forma criada pelos restos derretidos adquire um significado especial. Para muitas pessoas, a vela não para de falar quando a chama se apaga, mas continua a comunicar através das marcas e formas deixadas no recipiente ou na base onde foi colocada.

A leitura de cera exige paciência, concentração e intuição. Não se trata apenas de observar figuras aleatórias, mas de permitir que o subconsciente participe na interpretação. Muitas tradições recomendam observar os restos da vela em silêncio, deixando a mente em branco e evitando forçar significados racionais. A ideia é permitir que a intuição reconheça símbolos, emoções ou mensagens relacionadas com a situação em consulta. Neste tipo de prática, o estado emocional da pessoa influencia profundamente a interpretação, razão pela qual se considera importante realizar a observação de forma calma e sem ansiedade.

Quando a cera forma acumulações semelhantes a lágrimas ou gotas longas nas laterais do recipiente, é geralmente interpretada como um sinal emocional intenso. No entanto, se perfis suaves ou figuras semelhantes a seres angelicais forem distinguidos nestas formas, as tradições consideram que o ritual está protegido e que o resultado será favorável. As formas angelicais simbolizam ajuda espiritual, proteção e acompanhamento energético. Algumas pessoas acreditam que representam a presença de guias espirituais ou energias positivas a intervir para facilitar o que foi pedido.

Por outro lado, quando a cera forma estruturas pontiagudas, espinhos, bicos ou figuras semelhantes a espinhos, o significado está frequentemente relacionado com conflitos, resistências e obstáculos energéticos. Estas formas representam tensões, discussões, inveja ou forças opostas que interferem no caminho do pedido feito. Quanto mais agressivas ou desordenadas forem as figuras, mais forte é considerada a resistência energética em torno do ritual. Algumas correntes esotéricas interpretam estes restos como avisos de pessoas negativas, ambientes carregados ou situações que ainda não estão preparadas para serem resolvidas favoravelmente.

Se a cera forma figuras semelhantes a cachos de uvas, pequenas esferas agrupadas ou formas abundantes e arredondadas, o significado é considerado muito positivo. Tradicionalmente, as uvas simbolizam prosperidade, crescimento, fertilidade e abundância. Este tipo de figura indica que o caminho energético está aberto e que se aproximam momentos favoráveis relacionados com a saúde, estabilidade e bem-estar material ou emocional. Também pode representar recompensas após esforços prolongados e períodos de tranquilidade após períodos difíceis.

Por vezes, os restos da cera formam rostos, perfis humanos ou silhuetas de animais. Estas imagens são geralmente interpretadas como reflexos do estado emocional ou energético da pessoa que realiza o ritual. Quando aparecem rostos tristes, figuras fracas ou animais associados ao cansaço ou ao medo, muitas tradições consideram que há falta de vitalidade, exaustão emocional ou preocupações excessivas. Algumas correntes acreditam que estas formas representam energias internas que precisam de ser abordadas, enquanto outras afirmam que simbolizam influências externas que afetam o equilíbrio emocional da pessoa.

As figuras relacionadas com a Lua têm um dos simbolismos mais interessantes na leitura de cera. Se aparecerem fragmentos em forma de crescente e as pontas estiverem orientadas para a esquerda, é interpretado como sinal de proteção espiritual e ajuda externa. Isto significa que forças invisíveis ou pessoas próximas de si estão a favorecer a situação e que respostas ou resultados positivos podem chegar em breve. A Lua à esquerda simboliza intuição, apoio emocional e caminhos abertos.

No entanto, se as pontas da lua se inclinarem para a direita, a interpretação muda completamente. Em muitas tradições esotéricas, isto representa bloqueios, sabotagem energética ou forças ocultas que interferem com o pedido. Pode simbolizar dúvidas internas, pessoas negativas ou situações externas capazes de atrasar ou enfraquecer o resultado esperado. Algumas pessoas consideram este tipo de figura um aviso para rever cuidadosamente as intenções, companhias ou decisões relacionadas com o ritual.

Quando resíduos de cera aparecem fora do recipiente ou afastados da base principal, o significado depende em grande parte do tipo de ritual realizado. No simbolismo espiritual, o que sai da vela representa energias libertadas, emoções expulsas ou forças que deixam o ambiente energético da pessoa. Por isso, é importante observar cuidadosamente a forma, textura e aparência destes vestígios.

Em rituais de proteção ou trabalhos relacionados com o mau-olhado, inveja ou energias negativas, figuras desagradáveis ou deformadas são geralmente interpretadas de forma positiva. Se a cera forma rostos escuros, figuras estranhas ou símbolos considerados negativos, muitas tradições acreditam que o ritual está a funcionar corretamente e que energias nocivas estão a ser expulsas ou destruídas. Nestes casos, a vela atuava como uma espécie de canal de purificação espiritual.

Por outro lado, em rituais destinados ao amor, prosperidade, harmonia ou crescimento pessoal, as formas desagradáveis são geralmente interpretadas como sinais de resistência ou bloqueios emocionais. Se os detritos transmitem sensações desconfortáveis, agressivas ou pesadas, considera-se que algo não está a fluir corretamente ou que existem forças ocultas a interferir com o resultado esperado. Por outro lado, quando as formas inspiram calma, beleza ou sensações agradáveis, as energias são interpretadas como avançando de forma positiva.

A leitura da cera, tal como a interpretação das chamas, não procura oferecer verdades absolutas, mas sim funcionar como uma ferramenta simbólica de reflexão e intuição. Através destas práticas, muitas pessoas encontram uma forma de se conectar com as suas emoções, compreender os seus medos e prestar atenção a sinais que normalmente passam despercebidos. Talvez seja por isso que as velas continuam a fascinar a humanidade. Porque mesmo depois de se apagar, a sua luz parece ainda deixar mensagens ocultas entre as formas silenciosas da cera derretida.

Formas e desenhos específicos que formam a cera de vela. Significados.

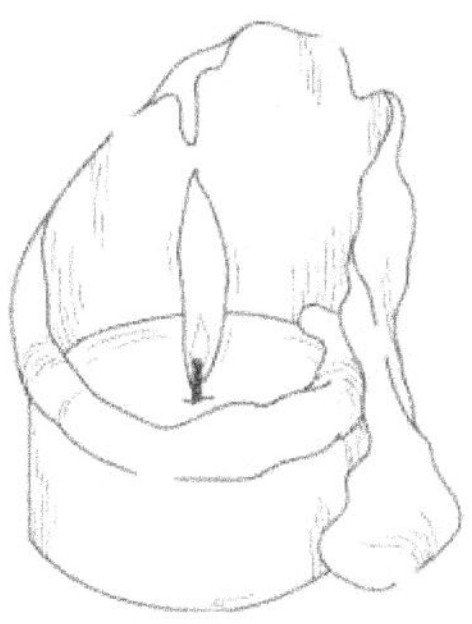

A interpretação das figuras que aparecem na cera das velas faz parte de práticas esotéricas desde tempos muito antigos. Muitas culturas acreditavam que, depois de consumir uma vela, a energia do ritual era captada nas formas criadas pela cera derretida. Estas silhuetas eram cuidadosamente observadas por padres, videntes e praticantes espirituais para perceber se uma petição progredia favoravelmente, se existiam obstáculos ocultos ou se era necessário mudar o curso de certas decisões.

A leitura de cera exige calma, intuição e sensibilidade emocional. Não se trata simplesmente de procurar figuras aleatórias, mas de permitir que o subconsciente reconheça símbolos ligados à situação pessoal da pessoa que realizou o ritual. As imagens muitas vezes parecem incompletas ou abstratas, e é precisamente aqui que a intuição espiritual entra em jogo. Algumas pessoas sentem imediatamente uma emoção positiva ou negativa ao observar certas formas, e dentro das tradições esotéricas essa primeira impressão é frequentemente considerada importante para a interpretação.

Quando a cera forma formas quadradas ou estruturas semelhantes a imagens, o significado está geralmente relacionado com estabilidade e resolução progressiva de problemas. No entanto, o quadrado também simboliza lentidão, estrutura e processos que exigem paciência. Isto indica que a solução virá graças à ajuda de terceiros ou através de apoio inesperado, embora o caminho seja longo e cheio de etapas que terão de ser resolvidas passo a passo. Não representa um fracasso, mas sim uma vitória conquistada através do esforço, da perseverança e da capacidade de esperar pelo momento certo.

As formas retangulares têm um simbolismo mais favorável e equilibrado. Representam sucesso em diferentes áreas da vida, especialmente em questões relacionadas com o amor, economia, estabilidade emocional e saúde. O retângulo simboliza organização e expansão, indicando que os projetos avançam de forma constante e que as energias em torno do ritual fluem de forma constante. Também pode representar segurança material e construir um futuro sólido.

Quando a cera forma círculos perfeitos ou figuras completamente fechadas e arredondadas, as interpretações são geralmente mais complexas. Embora o círculo simbolize tradicionalmente a eternidade e a continuidade, dentro de certos rituais esotéricos pode indicar estagnação, falta de proteção ou repetição constante de problemas emocionais. Nestes casos, a recomendação é geralmente esperar, reorganizar as ideias e repetir o ritual noutro momento mais favorável do ponto de vista energético.

As figuras lunares ou crescentes têm uma forte relação com as emoções, a intuição e a saúde espiritual. Se as pontas do crescente estiverem orientadas para a pessoa que realizou o ritual, significa recuperação, melhorias emocionais e apoio espiritual. No entanto, quando as pontas estão viradas para o lado oposto, pode simbolizar recaídas, esgotamento energético ou situações que ainda não conseguiram estabilizar completamente. Representa também a necessidade de organizar os pensamentos e encontrar equilíbrio mental antes de tomar decisões importantes.

As formas de leque simbolizam notícias agradáveis, surpresas positivas e eventos inesperados capazes de trazer alegria ou alívio emocional. O leque representa um movimento favorável de energias e a abertura de caminhos, especialmente em situações de bloqueios ou incertezas. Em alguns casos, simboliza também convívios agradáveis ou momentos de celebração.

As figuras das abelhas estão profundamente associadas à sorte, ao trabalho e à prosperidade. A abelha simboliza esforço recompensado, organização e crescimento económico. Quando aparece em rituais relacionados com finanças ou emprego, é geralmente interpretado como um anúncio de novas oportunidades de emprego, promoções ou estabilidade material. Também representa sucesso ou ganhos inesperados no jogo.

As formas de avião têm duplo significado. Por um lado, representam viagens, mudanças de lugar e movimento constante. Mas também podem simbolizar desilusões emocionais ou situações que rapidamente escapam ao nosso controlo. Dependendo do contexto emocional do ritual, o avião pode anunciar tanto novas oportunidades como despedidas inesperadas.

Agulhas, espinhos ou figuras pontiagudas são considerados sinais de tensão, discussões e conflitos emocionais. Qualquer figura com pontos agressivos é geralmente interpretada como um aviso de obstáculos, lutas ou energias negativas em torno da situação em questão. Se a forma da agulha parecer muito definida, está diretamente relacionada com problemas causados por outras pessoas, críticas, inveja ou conflitos sociais.

As âncoras representam estabilidade, fidelidade e permanência emocional. Quando aparecem em rituais de amor, geralmente são interpretados como sinais de lealdade, compromisso e segurança dentro da relação. Simbolizam também proteção em tempos difíceis e a capacidade de se manter firme perante a mudança.

As figuras de anel são um dos símbolos mais favoráveis relacionados com a prosperidade e o compromisso emocional. Um anel completo e definido representa abundância económica, acordos favoráveis ou consolidação de relações românticas. Se a figura faz lembrar um anel de noivado, muitas tradições interpretam-no como um anúncio de casamento ou união importante.

O aparecimento de aranhas ou teias semelhantes simboliza sacrifícios, dificuldades emocionais e etapas complicadas que exigirão paciência e resistência. No entanto, também representam inteligência, estratégia e a capacidade de reconstruir. A pessoa terá de passar por testes importantes antes de atingir a estabilidade.

As árvores são figuras altamente espirituais e positivas. Representam crescimento, proteção contra guias espirituais e expansão pessoal. Em rituais relacionados com negócios ou projetos de trabalho, indicam sucesso sólido, estabilidade e abundância futura. A árvore simboliza raízes fortes e evolução constante.

As aves representam liberdade, mensagens e desejos que finalmente se concretizam. Dependendo da posição das asas ou do movimento sugerido pela figura, podem também anunciar notícias importantes, viagens ou libertação emocional após uma fase difícil.

Os navios estão associados a heranças, mudanças de destino e novas fases da vida. Simbolizam também jornadas emocionais e oportunidades que vêm de lugares distantes ou inesperados. Em alguns rituais, indicam prosperidade relacionada com assuntos familiares ou bens materiais.

Correntes quebradas simbolizam finais inevitáveis, libertação emocional e grandes separações. Embora possam representar divórcios ou separações sentimentais, também indicam a rutura de bloqueios e a possibilidade de iniciar uma nova fase, mais livre e autêntica.

As casas representam mudanças, mudanças de lar e transformações familiares. Dependendo da estabilidade da figura, podem simbolizar tanto proteção e estabilidade, bem como a necessidade de deixar lugares emocionalmente desgastantes.

As coroas simbolizam reconhecimento, progresso e sucesso social ou profissional. Quando acompanhadas por raios ou linhas luminosas, representam triunfos importantes, promoções e momentos de grande crescimento pessoal. São figuras associadas ao prestígio e à recompensa após o esforço.

As cruzes têm simbolismo complexo. Em alguns contextos, representam provações difíceis, tristeza ou traições emocionais. No entanto, também podem simbolizar transformação espiritual, aprendizagem profunda e finais necessários para iniciar uma nova fase da vida.

As estrelas representam felicidade, esperança e proteção espiritual. No entanto, quando aparecem estrelas de cinco pontas muito marcadas, algumas tradições esotéricas relacionam-nas com um intenso trabalho energético ou influências ocultas em torno do ritual.

As flores são um dos símbolos mais positivos na leitura de cera. Representam saúde, bem-estar emocional, harmonia e renovação espiritual. Dependendo do tamanho e da forma das pétalas, podem também anunciar reconciliações, alegria familiar ou novas oportunidades sentimentais.

As chaves simbolizam a abertura de caminhos e soluções inesperadas. Indicam que em breve surgirão oportunidades que podem desbloquear problemas ou situações estagnadas. Representam também descobertas importantes e acesso a novas fases de crescimento.

As montanhas representam obstáculos económicos ou emocionais que devem ser ultrapassados com paciência. No entanto, também indicam que, após o esforço, virão estabilidade material e crescimento financeiro.

As nuvens simbolizam incerteza, tensões e momentos de turbulência emocional. Anunciam situações tempestuosas ou emoções difíceis que ainda não encontraram clareza. No entanto, tal como acontece com tempestades reais, também representam mudanças temporárias que acabarão por desaparecer.

As cobras têm um duplo simbolismo. Por um lado, representam uma saúde forte, renovação e transformação. Mas também indicam mudanças intensas nas relações amorosas e a necessidade de agir com prudência perante pessoas manipuladoras ou situações ambíguas.

O Sol é uma das figuras mais positivas dentro da interpretação esotérica da cera. Representa sucesso, clareza, prosperidade e sucesso garantido em projetos importantes. Quando aparece com uma estrutura definida e luminosa, indica proteção espiritual e um estágio favorável para avançar sem medo.

As tesouras representam separação, distanciamento emocional e separações necessárias. Embora possam simbolizar divórcio ou conflito, também indicam libertação de situações tóxicas e o encerramento definitivo de ciclos que já não trazem bem-estar.

Os clubes estão associados à sorte inesperada, ganhos económicos e oportunidades favoráveis. São sinais de prosperidade, alegria e momentos em que o destino parece agir positivamente a favor da pessoa.

Finalmente, o aparecimento de velas dentro da própria cera simboliza evolução espiritual, crescimento interior e profunda ligação com o mundo energético. É uma figura relacionada com o despertar da consciência, proteção e desenvolvimento espiritual.

O que significam as lágrimas na tua vela?

As lágrimas de cera que aparecem enquanto uma vela está a ser consumida têm sido interpretadas durante séculos como sinais relacionados com as emoções, energias e eventos em torno de um ritual ou de uma petição espiritual. Em muitas tradições esotéricas, considera-se que a vela absorve algumas das vibrações do ambiente e as manifesta fisicamente através da forma como a cera cai, desliza ou se acumula no corpo da vela. Por esta razão, as lágrimas não são vistas simplesmente como restos de cera derretida, mas como mensagens simbólicas capazes de revelar conflitos, dúvidas, bloqueios, ajudas espirituais ou mudanças importantes que ainda não se manifestaram totalmente.

As lágrimas representam, de certa forma, as emoções e tensões energéticas que acompanham a situação consultada. Quando a energia flui com dificuldade, a vela tende a "chorar" com mais intensidade. Por outro lado, quando o ambiente está equilibrado e o pedido progride de forma positiva, a combustão é geralmente mais limpa e harmoniosa. Muitas correntes espirituais consideram que a forma, direção e velocidade com que a cera cai permite-nos compreender o estado emocional e energético da pessoa que realiza o ritual.

Quando uma única lágrima cai pelo lado direito da vela, é tradicionalmente interpretada como um sinal positivo. O lado direito está associado à ação, ao avanço e à resolução favorável das situações. Esta lágrima simboliza uma resposta afirmativa ao pedido feito e anuncia que as energias começam a mover-se de forma benéfica. Também pode representar apoio espiritual, clareza emocional ou abrir caminhos que lhe permitirão alcançar o que deseja. Quanto mais limpa e definida for a fenda, mais forte será a influência positiva em torno do ritual.

Por outro lado, quando uma única lágrima cai pelo lado esquerdo da vela, as interpretações estão frequentemente relacionadas com incertezas, dúvidas ou respostas negativas. O lado esquerdo simboliza emoções ocultas, inseguranças e situações que ainda não conseguiram estabilizar. Isto não significa necessariamente um fracasso definitivo, mas indica que existem bloqueios emocionais, resistências energéticas ou circunstâncias externas que dificultam o cumprimento do pedido. Muitas vezes, esta rutura reflete medo, indecisão ou a necessidade de esperar antes de agir.

Se uma lágrima começa por cair do lado direito e depois desvia-se para a esquerda, o significado torna-se mais complexo. Esta combinação representa dúvidas, lentidão e mudanças inesperadas na situação em análise. Simboliza caminhos que pareciam favoráveis, mas que começam a encontrar obstáculos emocionais ou energéticos. Também pode indicar pessoas indecisas, promessas pouco claras ou circunstâncias ainda não totalmente definidas. Em alguns casos, este desvio reflete que o resultado dependerá muito das decisões pessoais e da capacidade de agir com paciência.

Quando várias lágrimas caem ao mesmo tempo e acabam por se juntar numa única gota maior, as tradições esotéricas interpretam isto como uma acumulação de tensões, stress emocional ou conflitos que precisam de ser resolvidos rapidamente. A união das lágrimas simboliza pequenos problemas que, se não forem resolvidos a tempo, podem tornar-se situações mais complexas. Representa também emoções contidas que eventualmente explodem ou circunstâncias que exigem uma solução imediata antes de se tornarem ainda mais graves.

No entanto, quando uma grande lágrima é fragmentada ou dividida em várias partes, o significado é geralmente muito mais favorável. Esta separação simboliza libertação emocional, pausas necessárias e alívio das tensões acumuladas. Representa momentos em que as preocupações começam a diminuir e onde a pessoa terá a oportunidade de descansar emocionalmente antes de continuar a avançar. Em muitos casos, indica que as cargas energéticas começam a dispersar-se e a perder força.

Há uma interpretação particularmente positiva quando muitas lágrimas descem até ao centro da vela e estas começam a acumular-se umas sobre as outras. Este fenómeno simboliza a concentração de energias e respostas rápidas relacionadas com assuntos pendentes. As lágrimas acumuladas representam situações que finalmente encontram resolução após um período de incerteza. Também pode indicar notícias importantes, esclarecimentos emocionais ou soluções concretas que chegarão mais cedo do que o esperado.

Quando as lágrimas descem lentamente até à base da vela, fazendo várias pausas pelo caminho, o significado está geralmente relacionado com exaustão emocional, exaustão ou sensação de incapacidade para resolver certos problemas. As pausas simbolizam bloqueios internos, dúvidas constantes ou dificuldades na tomada de decisões importantes. Muitas vezes, esta forma de queda reflete momentos em que a pessoa sente que se move lentamente ou que circunstâncias externas a obrigam a parar repetidamente antes de alcançar estabilidade.

Por outro lado, quando a queda do rasgão em direção à base é rápida e contínua, a interpretação é muito mais positiva. Isto simboliza movimentos energéticos favoráveis e eventos benéficos que se manifestam rapidamente. A velocidade da queda representa caminhos abertos, resolução de problemas e mudanças capazes de trazer alívio emocional ou melhorias importantes num curto espaço de tempo. Também pode anunciar notícias inesperadas, oportunidades inesperadas ou soluções que surgem com mais facilidade do que imaginava.

Um dos sinais considerados mais delicados na interpretação das lágrimas é o aparecimento de manchas escuras ou tons turvos na cera. Quando as lágrimas parecem sujas, opacas ou com cores estranhas que não têm relação com a cor natural da vela, muitas tradições interpretam-nas como um aviso de traições, conflitos ocultos ou energias negativas em torno da situação consultada. A escuridão na cera simboliza tensão emocional, pessoas falsas, manipulações ou ambientes carregados de negatividade. Nestes casos, recomenda-se agir com prudência e prestar atenção às verdadeiras intenções das pessoas à sua volta.

No entanto, se a aparência escura desaparecer com o tempo e a cera voltar a parecer limpa ou clara, isso é interpretado como um sinal positivo de transformação e de superação das dificuldades. Isto significa que as energias negativas começam a dissipar-se e que os problemas vão gradualmente perder força. Segundo estas crenças, a vela absorveria e eliminaria parte das tensões presentes no ambiente.

Para além das interpretações espirituais, as lágrimas de vela continuam a despertar fascínio porque refletem algo profundamente humano: a necessidade de encontrar significado em pequenos detalhes e procurar respostas nos símbolos que aparecem durante momentos importantes da vida. A vela, com a sua luz silenciosa e formas mutáveis, continua a ser para muitas pessoas uma ponte entre emoções, intuição e o mistério daquilo que ainda não pode ser totalmente explicado em palavras.

Opiniões Comuns Sobre Castiçais

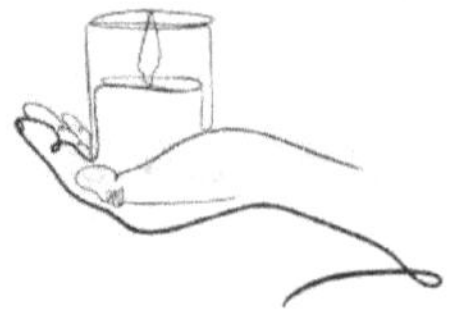

As velas têm sido ligadas desde tempos antigos a inúmeras crenças populares relacionadas com sorte, amor, prosperidade, espiritualidade, saúde e até à morte. Em praticamente todas as culturas, a chama de uma vela tem sido considerada um símbolo de ligação entre os mundos físico e espiritual, capaz de atrair energias, revelar sinais ou influenciar certas situações da vida quotidiana. Por esta razão, rituais, superstições e tradições transmitidas de geração em geração nasceram em torno de velas, muitas das quais continuam a ser praticadas hoje.

Uma das associações mais comuns é a relação entre velas e amor. Durante séculos, as pessoas usaram velas em rituais sentimentais destinados a atrair um parceiro, fortalecer laços emocionais ou recuperar amores perdidos. Dentro das crenças populares, a cor da vela desempenha um papel fundamental porque cada tom representa uma energia emocional diferente. Diz-se, por exemplo, que para atrair o verdadeiro amor é aconselhável acender uma vela cor-de-rosa todas as sextas-feiras, um dia associado ao planeta Vénus, símbolo astrológico do amor, da beleza e das relações afetivas. A cor, cor-de-rosa representa ternura, romantismo e harmonia emocional, por isso é considerado ideal abrir o coração e atrair sentimentos sinceros.

Existem também rituais destinados a atrair uma pessoa específica. Uma das crenças mais difundidas é colocar uma vela vermelha sobre uma fotografia da pessoa desejada, acendê-la e deixar a cera derreter sobre a imagem. O vermelho simboliza paixão, desejo e atração intensa. Segundo as tradições populares, a união da cera com a fotografia representa o vínculo energético entre ambas as pessoas e a intenção de as aproximar emocionalmente. Da mesma forma, quando alguém quer reunir-se com um ente querido, é costume acender uma vela junto a uma janela e deixá-la apagar lentamente, simbolizando a abertura de caminhos e o regresso daqueles que estão distantes.

Para recuperar um amor perdido, algumas práticas recomendam usar duas velas, uma vermelha e outra cor-de-rosa, colocadas numa fotografia onde ambas as pessoas aparecem juntas. As velas devem estar acesas em simultâneo e deixar a cera cobrir parcialmente a imagem. A vela vermelha representa desejo e paixão, enquanto a cor-de-rosa simboliza reconciliação e afeto.

A combinação de ambas as energias procura reconstruir o laço sentimental e curar as feridas emocionais do passado.

As velas também têm sido tradicionalmente associadas à boa sorte e prosperidade. Muitas pessoas consideram que, antes de se mudarem para uma nova casa, é importante acender uma vela branca à porta da frente para purificar as energias do local e atrair harmonia. O branco simboliza pureza, proteção e paz espiritual. Outra crença popular afirma que deixar uma vela verde acesa completamente durante a Lua Cheia favorece a chegada da prosperidade económica e da estabilidade material. O verde representa crescimento, abundância e renovação energética, enquanto a Lua Cheia simboliza a expansão e manifestação dos desejos.

Durante as celebrações de fim de ano existem também tradições relacionadas com velas. Diz-se que acender uma vela branca em cada divisão da casa durante a última noite do ano traz boa sorte, proteção e equilíbrio espiritual para o novo ciclo que está a começar. Da mesma forma, muitas pessoas consideram um sinal positivo quando a chama consome a vela de forma uniforme e calma, pois simboliza caminhos abertos e ausência de grandes obstáculos energéticos.

No mundo espiritual e esotérico, cada cor de vela possui um simbolismo específico. Velas amarelas são usadas em rituais relacionados com atração emocional, comunicação e ligação mental entre pessoas. O amarelo representa energia, inteligência e clareza emocional. As velas azuis, por outro lado, estão associadas à tranquilidade, intuição e sonhos proféticos. Muitas tradições afirmam que ajudam a receber orientação espiritual e mensagens importantes através dos sonhos ou da meditação.

As velas brancas são consideradas as mais puras espiritualmente e são frequentemente usadas em cerimónias de proteção, adivinhação e fortalecimento espiritual. Representam paz, limpeza energética e ligação com forças positivas. As velas cinzentas são vistas como ferramentas para neutralizar energias negativas e equilibrar ambientes emocionalmente carregados. Entretanto, velas negras, sempre rodeadas de mistério, têm sido associadas tanto a rituais de magia negra como a práticas de proteção contra maldições, inveja e energias nocivas.

As velas violetas têm uma forte relação com o desenvolvimento espiritual e as capacidades intuitivas. Muitas correntes esotéricas acreditam que potenciam as capacidades psíquicas, a perceção energética e a ligação com planos superiores de consciência. Por outro lado, as velas cor-de-rosa continuam a ser consideradas ideais para rituais relacionados com o amor, amizade, reconciliação e harmonia emocional.

Ao longo da história, as velas também foram ligadas a espíritos e ao mundo invisível. Uma das crenças mais conhecidas afirma que colocar uma vela preta dentro de uma abóbora durante a noite ajuda a afastar espíritos malignos e fantasmas. Outra superstição generalizada sustenta que, quando uma vela arde com uma chama azul, há uma presença espiritual perto da pessoa. Algumas tradições interpretam isto como a proximidade de guias espirituais ou energias protetoras, enquanto outras relacionam com atividade paranormal intensa.

Nos rituais fúnebres, as velas brancas ocupam um lugar particularmente importante. Acredita-se que acender velas brancas perto de um corpo morto ajuda a proteger a alma do falecido e facilita a sua transição espiritual para outra dimensão. A luz simboliza orientação, paz e acompanhamento durante a passagem entre a vida e a morte.

As velas também estão frequentemente associadas à prosperidade económica. Uma das crenças populares mais difundidas indica que acender uma vela dourada ou amarela durante uma noite de Lua Nova ajuda a atrair dinheiro e abundância material. O ouro simboliza riqueza, sucesso e expansão financeira. Além disso, diz-se que, se a cera de uma vela dourada formar uma figura redonda quando consumida, isso anuncia a chegada de dinheiro abundante em casa. No entanto, algumas superstições alertam que acender uma vela com outra vela já acesa pode trazer azar ou problemas financeiros.

Superstições relacionadas com azar também são numerosas. É considerado um mau presságio que uma vela pingue constantemente para o lado de uma pessoa específica, pois simbolizaria dificuldades ou energias negativas dirigidas a ela. Existe também a crença de que deixar uma vela acesa sozinha numa divisão vazia atrai energias negativas e desarmonia para a casa. Dividir uma vela em várias partes ou acender velas pretas à terça ou sexta-feira, dia 13, são práticas que muitas tradições consideram associadas a infortúnios e conflitos familiares.

Nos casamentos e cerimónias religiosas, as velas também têm um simbolismo profundo. Acender uma vela branca durante o casamento representa proteção, estabilidade e felicidade para o casal. No entanto, se uma vela for apagada durante uma cerimónia de casamento ou batizado, muitas crenças populares interpretam isso como um sinal de dificuldades futuras ou má sorte no caminho do casal. Existem também rituais destinados a verificar a fidelidade do casal através de velas acesas em certos locais específicos da casa.

A morte é outro dos temas tradicionalmente ligados às velas. Algumas superstições defendem que, quando uma vela se apaga subitamente antes do pavio começar a arder corretamente, isso pode anunciar uma perda ou morte iminente. Uma pequena chama acompanhada de muito fumo também tem sido historicamente considerada um presságio de tristeza ou morte. Acredita-se até que manter velas partidas dentro de casa atrai acidentes e infortúnios.

As velas também ocupam um lugar importante nas crenças relacionadas com a saúde. As velas azuis estão associadas ao relaxamento e à redução do stress, enquanto as velas brancas simbolizam proteção física, alívio emocional e recuperação. As velas vermelhas são usadas em rituais de fertilidade e fortalecimento físico, as velas verdes estão relacionadas com fertilidade e cura, e as velas violetas estão relacionadas com a recuperação espiritual e a cura energética. Velas douradas simbolizam a proteção geral do corpo e o fortalecimento vital.

Por fim, as velas também aparecem em inúmeras interpretações relacionadas com sonhos. Sonhar com velas vermelhas está geralmente associado a desejo, paixão e emoções intensas. As velas brancas representam amor puro, paz emocional e harmonia espiritual. Velas negras nos sonhos são consideradas avisos relacionados com eventos difíceis ou situações negativas iminentes. Entretanto, sonhar com velas douradas simboliza prosperidade, sucesso económico e abundância.

Para além das superstições e crenças populares, as velas continuam a ser símbolos universais de esperança, proteção e espiritualidade. A sua chama acompanha a humanidade desde tempos antigos, iluminando rituais, cerimónias, despedidas, celebrações e momentos de reflexão. Talvez seja por isso que, mesmo num mundo dominado pela tecnologia e pelas luzes artificiais, as pessoas continuam a encontrar numa simples vela acesa um sentido de calma, mistério e ligação a algo muito mais profundo do que elas próprias.

Velas, Cores, Dias, Quartzo, Planetas, Horas e Signos do Zodíaco.

Velas usadas em rituais, cerimónias espirituais e obras esotéricas podem ser encontradas em inúmeras cores, e cada uma delas tem um significado energético e simbólico diferente. Desde as civilizações antigas, as cores têm estado relacionadas com certas emoções, forças espirituais, estados mentais e vibrações capazes de influenciar a energia das pessoas e do ambiente. Por esta razão, dentro das tradições esotéricas, a escolha da cor de uma vela nunca é considerada um detalhe sem importância. Cada tom atua como um canal de energia específico que ajuda a fortalecer certas intenções e a intensificar os efeitos do ritual realizado.

A cor de uma vela representa a frequência vibracional com que pretende trabalhar. Algumas velas estão associadas ao amor, prosperidade ou proteção, enquanto outras estão relacionadas com intuição, saúde, espiritualidade ou transformação emocional. Por isso, antes de realizar qualquer ritual ou prática espiritual, considera-se essencial escolher cuidadosamente a vela mais adequada de acordo com o objetivo que pretende alcançar. Usar a cor certa ajuda, segundo estas crenças, a criar maior harmonia entre a intenção da pessoa e as energias que devem ser mobilizadas.

Muitas correntes esotéricas afirmam que as cores têm uma influência direta no subconsciente e no estado emocional da pessoa que realiza o ritual. O vermelho, por exemplo, está frequentemente associado à paixão, força, desejo e ação. O azul representa tranquilidade, intuição e ligação espiritual. O verde simboliza abundância, crescimento e prosperidade. O branco relaciona-se com pureza, proteção e elevação espiritual. O amarelo representa inteligência, comunicação e energia mental, enquanto o violeta está ligado à espiritualidade, habilidades psíquicas e transformação interior. Cada cor transmite uma energia distinta e desperta emoções particulares que, dentro do simbolismo espiritual, ajudam a direcionar a intenção do ritual.

Dentro das antigas tradições mágicas e astrológicas, acredita-se também que existem dias mais favoráveis para usar certas cores de velas. Isto porque cada dia da semana está simbolicamente associado a um planeta específico e a certas vibrações energéticas. Por exemplo, a sexta-feira está relacionada com

Vénus e é geralmente considerada ideal para rituais de amor, beleza e harmonia emocional, enquanto a terça-feira, associada a Marte, está ligada à força, coragem e ação. No entanto, isto não significa que uma determinada vela só possa ser usada num único dia. Tradições esotéricas apontam que qualquer vela pode ser acesa em diferentes momentos, mas quando a cor da vela está em sincronia energética com o dia planetário correspondente, os efeitos do ritual são considerados mais fortes, rápidos e favoráveis.

Esta sincronia entre cores, planetas e dias da semana faz parte de uma visão espiritual onde todo o universo funciona através de vibrações ligadas entre si. De acordo com estas crenças, aproveitar o momento certo permite que as energias fluam com menos resistência e as intenções tenham maior força. É como remar com a corrente a favor em vez de contra ela. É por isso que muitas pessoas preferem realizar certos rituais em momentos específicos, fases lunares específicas ou dias considerados energeticamente mais poderosos.

Para além da relação com os planetas, as velas também têm sido associadas aos signos do zodíaco. Dentro da astrologia esotérica, cada signo tem características energéticas particulares e está ligado a certas cores que harmonizam melhor com a sua vibração. Acredita-se que, quando uma vela é usada sob a influência do signo do zodíaco que a rege, os seus efeitos espirituais são grandemente intensificados. Por exemplo, um castiçal relacionado com signos de fogo pode ser mais poderoso quando a Lua ou certos planetas transitam por Aries, Leão ou Sagitário. De forma semelhante, velas ligadas a emoções, intuição ou espiritualidade poderiam agir de forma mais intensa sob signos de água como Caranguejo, Escorpião ou Peixes.

Isto não significa que o ritual não funcione fora destas condições astrológicas, mas sim que a energia é considerada mais favorável quando existe correspondência entre a cor da vela, o signo do zodíaco e o momento astrológico. Muitas tradições comparam esta harmonia energética a abrir uma porta exatamente quando o vento sopra a seu favor. O ritual pode ser realizado a qualquer momento, mas quando as forças simbólicas coincidem, acredita-se que a energia se move de forma mais fácil e precisa.

A relação entre velas, cores e astrologia reflete uma antiga necessidade humana de encontrar ligação entre o universo e a vida quotidiana. Desde tempos antigos, as pessoas têm observado os ciclos da Lua, o movimento dos planetas e as mudanças das estações na tentativa de compreender como influenciavam as emoções, eventos e destino humanos. As velas, com as suas cores e chamas, acabaram por se tornar ferramentas simbólicas capazes de representar essa ligação entre o céu, a energia e a intenção humana.

Para além das crenças espirituais, as cores têm um efeito psicológico real nas emoções e no estado mental das pessoas. É por isso que, mesmo hoje, muitas pessoas continuam a sentir uma atração especial por certas velas, dependendo do momento emocional que estão a viver. Uma vela azul pode transmitir calma em tempos de ansiedade, uma vermelha pode despertar energia e motivação, enquanto uma branca pode gerar uma sensação de paz e proteção. Talvez aí resida parte do mistério e da permanência das velas ao longo dos séculos: na sua capacidade de unir simbolismo, emoção, espiritualidade e esperança numa simples chama acesa.

Velas Amarelas

As velas amarelas são consideradas dentro das tradições esotéricas como símbolos de inteligência, comunicação, clareza mental e atração energética. São principalmente usados em rituais relacionados com o charme pessoal, confiança, persuasão, sucesso social e a capacidade de criar ligações positivas entre pessoas. A sua energia está profundamente ligada ao raciocínio, criatividade, mente consciente e à forma como uma pessoa projeta as suas ideias e emoções para o mundo exterior. Por esta razão, as velas amarelas são frequentemente escolhidas para trabalho espiritual destinado a melhorar relações, abrir caminhos empresariais, fortalecer a autoestima e promover negociações importantes.

O amarelo é considerado uma das cores mais antigas na fabricação de velas. Nos tempos antigos, antes da existência dos corantes modernos e dos processos industriais, a cera natural mantinha tons amarelados devido à sua origem orgânica, especialmente quando proveniente da cera de abelha. Como resultado, muitas correntes espirituais consideram as velas amarelas como representando a forma mais pura e natural de energia contida numa vela. Simbolizam a essência da luz, o despertar da consciência e a ligação entre a mente humana e o conhecimento.

No simbolismo espiritual, o amarelo relaciona-se com os aspetos tangíveis e racionais da existência humana. Representa negócios, intelecto, raciocínio lógico, agilidade mental e a capacidade de tomar decisões claras. Também simboliza personalidade, ego e a forma como uma pessoa se expressa aos outros. Quando alguém precisa de segurança, autoconfiança ou maior clareza para resolver problemas do dia a dia, as velas amarelas são consideradas ferramentas ideais para fortalecer essas energias.

As velas amarelas são conhecidas como velas de comunicação. Acredita-se que promovem o diálogo, a compreensão e a transmissão de ideias. Muitas pessoas utilizam-nos em rituais relacionados com entrevistas de emprego, reuniões importantes, estudos, exames, negociações empresariais ou conflitos familiares, onde é necessário encontrar acordos e melhorar a comunicação entre as partes envolvidas. Também são usados para desbloquear o egoísmo, a arrogância ou atitudes negativas que dificultam as relações humanas.

Outro aspeto importante da cor amarela é a sua relação com o esclarecimento espiritual e o despertar intelectual. Embora muitas vezes esteja associada ao prático e ao quotidiano, representa também a expansão da consciência e a capacidade de compreender as situações a partir de uma perspetiva mais ampla. Por esta razão, muitas tradições consideram as velas amarelas para ajudar a desenvolver intuição, lucidez e rapidez mental, especialmente quando usadas durante meditações ou trabalhos espirituais direcionados ao crescimento pessoal.

As velas amarelas podem ser usadas em todos os tons, desde tons suaves e claros até amarelos intensos e brilhantes. Tons mais claros tendem a relacionar-se com serenidade, clareza e harmonia emocional, enquanto amarelos mais intensos representam energia, ação, liderança e expansão intelectual. Cada tom transmite uma vibre ligeiramente diferente, embora todos mantenham a essência principal da cor: comunicação, inteligência e dinamismo.

Nas correspondências astrológicas e esotéricas, a quarta-feira é considerada o dia mais favorável para trabalhar com velas amarelas. Isto porque a quarta-feira é regida por Mercúrio, um planeta associado à mente, comunicação, aprendizagem e comércio. Acredita-se que qualquer ritual realizado neste dia relacionado com negócios, estudos, contratos, entrevistas ou acordos terá maiores hipóteses de sucesso e resultados positivos. No entanto, as velas amarelas podem ser usadas em qualquer altura da semana, quando houver uma necessidade urgente de clareza mental ou fortalecimento emocional.

As flores que harmonizam melhor com velas amarelas são as rosas amarelas. Estas flores simbolizam inteligência, amizade, otimismo e expansão emocional. Para além da sua beleza, representam resistência e adaptabilidade, pois normalmente resistem às mudanças climáticas com grande força. No simbolismo espiritual, as rosas amarelas ajudam a despertar a intuição, a lucidez e a capacidade de compreender situações complexas com maior clareza emocional.

Em relação ao horário, as velas amarelas podem ser acesas a qualquer hora do dia. No entanto, muitas tradições consideram mais favorável utilizá-las depois do meio-dia, quando a energia solar atinge um ponto de maior estabilidade e clareza. O Sol, simbolicamente associado à luz e ao intelecto, realça as qualidades mentais e comunicativas relacionadas com esta cor.

O metal relacionado com as velas amarelas é o mercúrio, devido à sua natureza mutável e líquida. Dentro do simbolismo alquímico e esotérico, o mercúrio representa inteligência, rapidez mental, comunicação e adaptabilidade. Tal como este metal, as energias associadas ao amarelo são dinâmicas, versáteis e capazes de se transformar rapidamente dependendo das circunstâncias.

O número tradicionalmente associado a castiçais amarelos é 4. Este número simboliza estabilidade, organização, trabalho constante e ligação ao mundo material. Representa a construção de bases sólidas, ordem mental e a capacidade de transformar ideias em resultados concretos. Em muitos rituais, o número 4 também está associado à disciplina, responsabilidade e perseverança.

Dentro das práticas esotéricas, recomenda-se acompanhar os rituais com velas amarelas usando incenso ou óleo essencial de sândalo. O sândalo possui propriedades espirituais relacionadas com a calma mental, clareza e elevação da consciência. Muitas tradições recomendam passar algumas gotas de óleo essencial de sândalo nas mãos antes de iniciar o ritual para fortalecer a ligação energética e promover a concentração. O aroma do sândalo ajuda a criar uma atmosfera de serenidade e foco mental, realçando os efeitos da vela amarela.

O quartzo associado a esta cor é o citrino, conhecido como uma pedra relacionada com energia, abundância e força interior. O citrino simboliza otimismo, clareza mental e a capacidade de atrair oportunidades positivas. É considerado um cristal ideal para acompanhar rituais de sucesso profissional, estudos, negócios ou crescimento pessoal. Muitas pessoas acreditam que a combinação de citrino e vela amarela fortalece a confiança e ajuda a manter a motivação necessária para alcançar objetivos importantes.

O planeta dominante das velas amarelas é Mercúrio, o planeta mais próximo do Sol dentro da astrologia tradicional. Mercúrio governa a comunicação, o conhecimento, a inteligência, a aprendizagem e a mente humana. A sua influência favorece a velocidade mental, a capacidade de analisar e a capacidade de se expressar corretamente. Por esta razão, as velas amarelas são consideradas especialmente poderosas para trabalhos relacionados com estudos, exames, entrevistas, comércio e resolução de conflitos.

Em termos de saúde, as velas amarelas estão principalmente relacionadas com o sistema nervoso e respiratório. Dentro das crenças populares, ajudam a reduzir a tensão mental, estimulam a memória e fortalecem as faculdades intelectuais. Simbolizam também vitalidade emocional e a capacidade de criar relações mais saudáveis e equilibradas com outras pessoas.

Astrologicamente, os signos do zodíaco mais relacionados com velas amarelas são Gémeos e Virgem, ambos governados por

Mercúrio. Gémeos representa comunicação, adaptabilidade e raciocínio rápido, enquanto Virgem simboliza análise, organização e pensamento lógico. Por esta razão, as energias das velas amarelas harmonizam-se especialmente com as pessoas nascidas sob estes signos ou com rituais realizados quando a influência de Mercúrio é dominante.

Para além das tradições esotéricas, as velas amarelas continuam a ser símbolos de clareza, otimismo e energia mental. A sua luz quente transmite uma sensação de vitalidade, movimento e esperança. Talvez seja por isso que continuam a ser usados não só em rituais espirituais, mas também em momentos em que as pessoas precisam de recuperar confiança, inspiração e força para avançar no meio das dificuldades da vida.

Velas Azul-Claro

As velas azul-claro possuem uma energia profundamente relacionada com emoções, sensibilidade, proteção espiritual e relações afetivas. Dentro das tradições esotéricas, o azul-claro simboliza serenidade, harmonia emocional, lealdade e estabilidade sentimental. Os rituais realizados com esta cor são geralmente orientados para o amor sincero, reconciliação, paz interior e proteção de laços importantes. São também consideradas velas especialmente poderosas para estimular sonhos premonitórios, fortalecer a intuição e promover a ligação espiritual entre as pessoas.

O azul-claro tem uma influência muito intensa no mundo emocional do ser humano. Representa a calma após o conflito, a capacidade de curar feridas emocionais e a necessidade de encontrar equilíbrio nas relações pessoais. Por esta razão, muitas pessoas usam estas velas quando passam por discussões românticas, distanciamento emocional ou situações em que é necessário restaurar a confiança e a harmonia. A sua energia não é agressiva nem impulsiva, mas sim gentil, envolvente e profundamente emocional.

No simbolismo espiritual, o azul-claro também está relacionado com o amor, amizade, sexo e todas as expressões afetivas baseadas em afeto sincero e compreensão mútua. É uma cor associada a emoções autênticas e à necessidade humana de se sentir emocionalmente acompanhado. As velas azul-claro ajudam a fortalecer relacionamentos, proteger uniões estáveis e criar ambientes pacíficos onde o diálogo e o afeto podem fluir sem tensão excessiva.

Um dos aspetos mais interessantes desta cor é a sua capacidade de estimular a sensualidade e a ligação emocional entre as pessoas. Embora normalmente esteja associado à calma e serenidade, o azul-claro também tem um ambiente sensual e atraente. Segundo muitas tradições esotéricas, esta cor desperta sensibilidade emocional, desejo de proximidade e a necessidade de partilhar afeto sincero. É por isso que é frequentemente usado em rituais destinados a fortalecer relações amorosas ou aumentar a atração emocional dentro de um casal.

As velas azul-claro simbolizam também motivação, esperança e uma visão positiva da vida. A sua energia ajuda a reduzir tensões emocionais, aliviar a tristeza e recuperar a confiança após períodos difíceis. Muitas pessoas utilizam-nas em momentos de ansiedade, incerteza ou conflitos emocionais porque transmitem uma sensação de proteção e equilíbrio interior. A sua chama representa a paz emocional e a capacidade de encontrar serenidade mesmo no meio de situações complicadas.

Dentro das antigas correspondências esotéricas, o azul-claro é considerado uma cor masculina associada à conquista emocional, estabilidade e ao desejo de construir relações duradouras. Representa a intenção de formar uniões sólidas e permanentes baseadas na confiança e fidelidade. Simboliza também autenticidade emocional e sinceridade nos sentimentos. Por esta razão, as velas azul-claro são consideradas fundamentais em rituais destinados a fortalecer laços emocionais reais e profundos.

Sexta-feira é o dia mais favorável para trabalhar com velas azul-claro, porque é regida por Vénus, um planeta relacionado com o amor, a beleza, o prazer e a harmonia emocional. Quando os rituais sentimentais são realizados na sexta-feira, considera-se que as energias amorosas fluem com maior intensidade e que as hipóteses de sucesso emocional aumentam consideravelmente. Muitas tradições afirmam que acender velas azul-claro durante a chamada "hora de Vénus" reforça ainda mais os resultados relacionados com reconciliações, uniões emocionais e estabilidade sentimental.

A flor que melhor harmoniza com velas azul-claro é a papoila. Esta flor simboliza paixão, romantismo e sensibilidade emocional. A sua delicadeza representa a intensidade dos sentimentos e a fragilidade das emoções humanas. No simbolismo espiritual, a papoila ajuda a despertar a capacidade de amar profundamente e a fortalecer os laços emocionais entre as pessoas.

A tarde é considerada a altura mais apropriada para acender velas azul-claro. Durante este período do dia, as energias relacionadas com emoções e reflexão são geralmente percebidas com maior intensidade. No entanto, se o ritual puder ser realizado durante a hora astrológica de Vénus, os efeitos simbólicos são considerados ainda mais favoráveis para assuntos sentimentais e afetivos.

O metal associado às velas azul-claro é o cobre. Dentro das tradições esotéricas, o cobre representa a transmissão energética, o equilíbrio emocional e a capacidade de se conectar entre as pessoas. É um metal nobre e maleável, qualidades que simbolizam flexibilidade emocional e abertura ao amor. O cobre é também visto como um condutor de energias afetivas e espirituais.

O número relacionado com velas azul-claro é 6, um número tradicionalmente associado a Vénus e à energia do amor. O 6 simboliza harmonia, sensibilidade, capacidade de cuidar dos outros e a necessidade de criar laços estáveis. Representa a família, o afeto, a compreensão emocional e o desejo de viver em equilíbrio com quem nos rodeia.

Entre os rituais com velas azul-claro, o incenso mais recomendado é a lavanda. A lavanda possui propriedades calmantes, relaxantes e espiritualmente purificadoras. O seu aroma ajuda a reduzir a tensão, aliviar a ansiedade e criar um ambiente de paz emocional. Muitas tradições consideram que a combinação da vela azul-clara com o incenso de lavanda fortalece a harmonia sentimental e promove a reconciliação emocional.

O quartzo associado a esta cor é o lápis-lazúli, uma pedra considerada um símbolo de sabedoria, paz interior e ligação espiritual. O lápis-lazúli é valorizado desde as civilizações antigas pela sua intensa beleza azul e pelas suas propriedades relacionadas com a intuição e serenidade emocional. Dentro das práticas esotéricas, acredita-se que este quartzo ajuda a atrair amor sincero, fortalecer relações estáveis e promover a clareza emocional. Simboliza também proteção espiritual e equilíbrio interior.

O planeta dominante das velas azul-claro é Vénus, considerado na astrologia o planeta do amor, da beleza, do prazer, da harmonia e dos bens materiais. Vénus representa a capacidade de amar, desfrutar e criar laços emocionais profundos. Por esta razão, as velas azul-claro são especialmente usadas em rituais destinados a melhorar relações emocionais, recuperar a harmonia sentimental ou fortalecer a autoestima emocional.

Em termos de saúde, as velas azul-claro estão principalmente relacionadas com a garganta, cordas vocais e sistema respiratório. Simbolicamente, representam a capacidade de se expressar emocionalmente e de comunicar sentimentos de forma sincera. Muitas tradições consideram que ajudam a proteger o corpo contra infeções e tensões relacionadas com stress emocional ou conflitos emocionais.

Astrologicamente, os signos mais relacionados com as velas azul-claro são Touro e Balança, ambos regidos por Vénus. Touro simboliza estabilidade, sensualidade e a necessidade de segurança emocional, enquanto Balança representa harmonia, equilíbrio e relações afetivas baseadas na cooperação e compreensão. Por isso, as energias das velas azul-claro harmonizam-se especialmente com as pessoas nascidas sob estes signos ou com rituais realizados quando Vénus tem uma influência importante no ambiente astrológico.

Para além das crenças esotéricas, as velas azul-claro continuam a ser símbolos de serenidade, amor e proteção emocional. A sua chama transmite calma, doçura e esperança, lembrando-nos da importância dos laços emocionais e da paz interior no meio das tensões do dia a dia. Talvez seja por isso que, mesmo hoje, muitas pessoas ainda encontram na luz azulada suave de uma vela um sentido de refúgio, equilíbrio e profunda ligação emocional.

Velas Azul-Escuras

As velas azul-escuras representam a profundidade emocional, o mistério espiritual e a força interior necessárias para ultrapassar os desafios mais complexos da vida. Dentro das tradições esotéricas, esta cor simboliza as profundezas do mar e tudo o que permanece escondido sob a superfície: pensamentos profundos, emoções intensas, segredos espirituais e processos de transformação interior. Ao contrário do azul-claro, relacionado com harmonia afetiva e suavidade emocional, o azul-escuro tem uma energia mais intensa, séria e poderosa. É uma cor associada à perseverança, vontade e à capacidade de avançar mesmo quando o caminho parece difícil ou incerto.

As velas azul-escuras são consideradas ferramentas espirituais ideais para rituais destinados a alcançar objetivos ou metas complexas que exigem tempo, disciplina e força mental. Muitas pessoas utilizam-nas quando passam por situações em que precisam de resistência emocional, concentração e energia suficiente para não desistir perante obstáculos. A sua chama simboliza a capacidade humana de se manter firme no meio da dificuldade, como um farol que continua a brilhar mesmo durante a tempestade.

Dentro do simbolismo esotérico, o azul-escuro também representa o progresso espiritual e o desejo de evoluir por dentro. É considerada uma cor profundamente masculina relacionada com liderança, controlo emocional e determinação. Não é uma energia agressiva, mas uma força silenciosa e constante que te impulsiona a avançar com maturidade e clareza mental. Por esta razão, estas velas são frequentemente usadas em rituais relacionados com o crescimento pessoal, disciplina espiritual, proteção psíquica e fortalecimento da vontade.

Velas azul-escuras ajudam a aumentar a perseverança e a estabilidade emocional. Muitas tradições afirmam que fortalecem a mente em tempos de cansaço, dúvida ou incerteza. Também são considerados úteis para pessoas que precisam de recuperar a motivação após falhanços ou experiências difíceis. A sua energia inspira autocontrolo, paciência e a capacidade de manter o foco mesmo em situações emocionalmente desgastantes.

A sexta-feira continua a ser o dia mais favorável para trabalhar com velas azul-escuro. Embora o seu tom seja mais intenso e profundo do que o azul-claro, ambos continuam sob a influência de Vénus. Isto pode parecer contraintuitivo devido à intensidade do azul-escuro, mas dentro da astrologia esotérica

Vénus não representa apenas amor e beleza, mas também harmonia emocional e equilíbrio interior. No caso do azul-escuro, a energia venusiana manifesta-se como estabilidade emocional, maturidade afetiva e busca pela paz interior.

O metal relacionado com estas velas é o cobre, símbolo de resistência, flexibilidade e transmissão de energia. O cobre é considerado um condutor de energias espirituais e emocionais. A sua natureza maleável representa a capacidade de se adaptar às dificuldades sem perder força ou estabilidade. Nos rituais, o cobre simboliza o equilíbrio entre força e sensibilidade.

O número associado às velas azul-escuras é 5. Este número tem uma vibração dinâmica e imprevisível. Retrata aventuras, jornadas, mudanças súbitas e experiências que transformam profundamente a vida de uma pessoa. Embora o 5 possa parecer instável, também simboliza liberdade, crescimento e evolução constante. Dentro do simbolismo espiritual, o azul-escuro e o número 5 unem-se para representar a capacidade de avançar por novos caminhos mesmo quando o futuro é incerto.

O incenso e óleo essencial mais próximos das velas azul-escuras é a canela. A canela tem propriedades energéticas intensas ligadas à paixão, força emocional e vitalidade. O seu aroma estimula a mente, desperta a motivação e ajuda a recuperar energia em momentos de exaustão emocional ou física. Em muitos rituais, a combinação de canela e velas azul-escuras reforça a determinação e ajuda a manter viva a paixão por objetivos pessoais.

O quartzo associado a esta cor é turquesa, uma pedra considerada um símbolo de proteção, força e sabedoria espiritual. Desde tempos antigos, a turquesa era usada como amuleto para viajantes, guerreiros e pessoas que precisavam de proteção em tempos difíceis. Nas práticas esotéricas, acredita-se que ajuda a fortalecer a mente, equilibrar emoções e proteger contra energias negativas ou ambientes emocionalmente pesados. Simboliza também clareza interior e a capacidade de ultrapassar obstáculos com serenidade.

O planeta regente das velas azul-escuras continua a ser Vénus, embora neste caso a sua influência se manifeste de forma mais madura e profunda. Vénus representa harmonia, paz e beleza, mas também a necessidade de encontrar estabilidade emocional e equilíbrio no meio das dificuldades da vida. As velas azul-escuras trabalham precisamente nessa capacidade de manter a serenidade interior enquanto enfrentam desafios complexos.

Em termos de saúde, as velas azul-escuras estão simbolicamente relacionadas com a proteção do sistema nervoso e das funções mentais. Dentro das crenças populares, ajudam a fortalecer a memória, a clareza mental e a estabilidade emocional. Muitas tradições afirmam que têm uma influência positiva em doenças relacionadas com a deterioração cerebral e o envelhecimento, como problemas de memória, demência senil, Alzheimer, Parkinson ou arteriosclerose. Embora estas interpretações pertençam ao âmbito espiritual e simbólico, refletem a antiga associação entre o azul-escuro e a força mental.

Astrologicamente, o signo mais próximo das velas azul-escuro é Gémeos. Embora Gémeos esteja geralmente associado ao dinamismo e à comunicação, também representa versatilidade, inteligência e capacidade de adaptação a diferentes circunstâncias. As velas azul-escuras reforçam precisamente essa capacidade de enfrentar mudanças constantes sem perder clareza ou equilíbrio emocional. Também ajudam a transformar a dispersão mental em foco e perseverança.

Para além das crenças esotéricas, as velas azul-escuras continuam a ser símbolos de profundidade emocional, disciplina e evolução espiritual. A sua chama transmite um sentido de mistério, serenidade e força silenciosa, capaz de acompanhar as pessoas nos momentos mais difíceis da vida. Talvez seja por isso que muitas pessoas sentem uma ligação especial com esta cor: porque, no fundo, o azul-escuro recorda as profundezas do oceano e a alma humana, lugares onde residem tanto os maiores medos como a força necessária para os superar.

Velas Brancas

As velas brancas são consideradas, dentro das tradições esotéricas, as mais puras, versáteis e espiritualmente poderosas de toda a escala cromática. Desde tempos antigos, o branco tem sido associado à luz divina, pureza da alma, proteção espiritual e ligação com energias superiores. Por esta razão, as velas brancas são o centro das cerimónias religiosas, rituais espirituais, práticas de purificação energética, orações, meditações e exorcismos. A sua chama simboliza clareza, paz interior e a presença de forças protetoras capazes de iluminar até os momentos mais sombrios da vida.

Dentro do simbolismo espiritual, o branco representa pureza, sinceridade, equilíbrio e renovação emocional. Está também relacionada com a intimidade, fertilidade, sensibilidade e capacidade criativa do ser humano. As velas brancas possuem uma energia suave, mas profundamente poderosa, capazes de harmonizar ambientes carregados de emoções e trazer paz de espírito a quem passa por situações difíceis. Muitas pessoas utilizam-nos quando precisam de paz de espírito, clareza espiritual ou proteção contra energias negativas.

As velas brancas têm uma influência especial nas pessoas envolvidas em atividades artísticas e criativas. Acredita-se que ajudam a estimular a imaginação, estimulam a inspiração e fomentam a sensibilidade emocional necessária para a criação artística. Escritores, músicos, pintores e pessoas ligadas ao mundo criativo são frequentemente atraídos pela energia serena e luminosa desta cor. A vela branca simboliza a mente aberta, a inspiração pura e a capacidade de se conectar com ideias profundas e autênticas.

Dentro das práticas esotéricas, a vela branca é conhecida como "a vela neutra". Isto significa que pode ser usado em praticamente qualquer tipo de ritual quando a vela da cor recomendada específica não está disponível. É considerada uma vela multivalente porque simbolicamente contém todas as energias e vibrações das outras cores. Segundo tradições antigas, quando a luz branca é quebrada, todas as cores visíveis da escala cromática emergem dela. Por esta razão, a vela branca é vista como uma síntese espiritual de todas as forças energéticas e como uma ferramenta capaz de se adaptar a diferentes propósitos.

As velas brancas estão também profundamente relacionadas com a maternidade, proteção da criança e cuidados emocionais à família. Muitas tradições afirmam que a sua energia protege as gravidezes, promove a fertilidade e cria ambientes de harmonia dentro do lar. Também são usados para proteger crianças pequenas e acompanhar espiritualmente as pessoas em jornadas importantes ou momentos de vulnerabilidade emocional.

Outro dos aspetos mais importantes das velas brancas é a sua relação com a intuição, devoção e espiritualidade. Acredita-se que ajudam a fortalecer a sensibilidade espiritual e a capacidade de ouvir a voz interior. Promovem também estados de calma mental e abertura emocional que permitem à pessoa conectar-se mais facilmente com a sua intuição e com energias espirituais superiores. Muitas tradições consideram que a vela branca suaviza o carácter, torna as pessoas mais recetivas e promove sentimentos de compaixão, paciência e compreensão.

Segunda-feira é considerada o dia mais favorável para trabalhar com velas brancas. Na astrologia esotérica, a segunda-feira é regida pela Lua e simboliza o início dos ciclos, o início de novas fases e a organização emocional da semana. É considerado um dia ideal para realizar rituais relacionados com limpeza energética, proteção espiritual, equilíbrio emocional e renovação interior. No entanto, algumas tradições aconselham evitar rituais importantes quando essa segunda-feira coincide com a primeira noite da Lua Nova ou Lua Negra, pois é considerado um período de energias demasiado instáveis ou introspetivas.

A manhã é o momento mais apropriado para acender velas brancas, especialmente durante a chamada "Hora da Lua" ou na fase da Lua Crescente. A energia matinal simboliza renovação, clareza e novos começos, enquanto a Lua Crescente representa crescimento, expansão e fortalecimento das intenções. Esta combinação favorece rituais destinados a iniciar projetos, curar emoções ou atrair harmonia espiritual.

O metal relacionado com velas brancas é prata. A prata tem sido considerada desde tempos antigos como um metal lunar, associado à intuição, sensibilidade e proteção espiritual. O seu brilho suave simboliza pureza emocional e a capacidade de refletir energias negativas sem as absorver. Além disso, a prata é um metal maleável e resistente, qualidades que representam adaptação emocional e estabilidade espiritual. Nos rituais, acredita-se que a energia da prata ajuda a trazer intenções para um resultado favorável.

O número associado às velas brancas é 2, um símbolo universal de dualidade, equilíbrio e união entre opostos. O número 2 representa cooperação, sensibilidade, casal, maternidade e harmonia emocional. Simboliza também o equilíbrio entre luz e trevas, corpo e espírito, razão e intuição. Dentro dos rituais, esta vibração numérica ajuda a fortalecer relações, encontrar estabilidade emocional e criar paz interior.

O incenso e óleo essencial mais recomendados para acompanhar rituais com velas brancas é o alecrim. O alecrim tem sido usado há séculos em práticas de limpeza espiritual e proteção energética. O seu aroma reforça a concentração, purifica os ambientes e ajuda a eliminar tensões emocionais acumuladas. Muitas tradições recomendam colocar algumas gotas de óleo essencial de alecrim nas mãos antes de iniciar o ritual, para promover a ligação espiritual e fortalecer a intenção energética.

O quartzo relacionado com velas brancas é principalmente pérola e água-marinha. A pérola simboliza pureza, serenidade e proteção emocional. Desde tempos antigos, tem sido considerado uma pedra associada à energia feminina, maternidade e sabedoria emocional. A água-marinha, por outro lado, representa calma, clareza mental e renovação espiritual. A sua cor lembra as águas calmas do mar e acredita-se que ajude a rejuvenescer a mente e a aliviar tensões emocionais profundas.

O planeta dominante das velas brancas é a Lua, símbolo da maternidade, intuição, sensibilidade e proteção espiritual. Na astrologia, a Lua representa o mundo emocional, as memórias, a família e a energia que nutre e protege a vida humana. É por isso que as velas brancas são frequentemente usadas em rituais relacionados com emoções, fertilidade, lar e equilíbrio interior.

Em termos de saúde, as velas brancas estão associadas a todos os órgãos relacionados com a maternidade e a energia feminina. Simbolizam também a purificação do sistema nervoso e do sistema linfático. Dentro das crenças populares, ajudam a aliviar a tensão emocional, promovem a recuperação de energia e criam estados de paz mental necessários para a cura interior.

Astrologicamente, o signo do zodíaco mais relacionado com velas brancas é Caranguejo, um signo regido precisamente pela Lua. Caranguejo simboliza sensibilidade, intuição, proteção familiar e a necessidade de segurança emocional. As pessoas nascidas sob este signo são geralmente profundamente emocionais, protetoras e ligadas ao lar e à família, qualidades que harmonizam perfeitamente com a energia suave e espiritual das velas brancas.

Para além das crenças esotéricas, as velas brancas continuam a ser símbolos universais de paz, esperança e proteção. A sua chama transmite serenidade e pureza, criando uma sensação de calma que poucas coisas conseguem despertar. Talvez seja por isso que, desde templos antigos a casas modernas, a luz de uma vela branca continua a acompanhar as pessoas em momentos de oração, tristeza, celebração e busca espiritual, lembrando-nos que mesmo no meio da escuridão há sempre uma pequena luz capaz de guiar o caminho.

Velas Douradas

Velas de cor dourada representam poder, abundância, expansão e ligação às forças universais relacionadas com a prosperidade e a autorrealização. Dentro das tradições esotéricas, o ouro é considerado uma das cores mais poderosas e majestosas de toda a escala cromática, pois simboliza tanto riqueza material como iluminação espiritual. O seu brilho recorda a luz do Sol, o resplandor do ouro e a ideia ancestral de alcançar algo superior, valioso e transcendente. Por esta razão, as velas douradas têm sido usadas durante séculos em rituais destinados a atrair sucesso, reconhecimento, prosperidade económica, crescimento espiritual e fortalecimento do poder interior.

A cor dourada tem uma forte relação com a antiga alquimia, uma disciplina espiritual e filosófica que procurava transformar o comum no extraordinário. Dentro destas correntes, o ouro representava não só riqueza material, mas também perfeição espiritual, sabedoria e evolução da alma. Acender uma vela dourada simboliza o desejo de transformar a vida, atrair abundância e elevar a energia pessoal a níveis superiores de consciência e realização.

Ao longo da história, praticamente todas as civilizações e religiões usaram a cor dourada como símbolo de poder, grandeza e ligação ao divino. Templos antigos, coroas reais, objetos sagrados e paramentos cerimoniais eram adornados com ouro porque era considerado um material relacionado com a eternidade, a força solar e a autoridade espiritual. O ouro representa triunfo, magnificência e a capacidade de alcançar objetivos importantes tanto no plano material como no espiritual.

No entanto, o simbolismo das velas douradas não se limita apenas ao dinheiro ou ao sucesso económico. Também está profundamente relacionado com a intuição, o talento natural e o despertar de habilidades ocultas. Muitas tradições acreditam que estas velas ajudam a reconhecer o verdadeiro potencial de cada um e a fortalecer a confiança necessária para alcançar objetivos ambiciosos. A sua energia impulsiona a pessoa a ultrapassar limitações mentais, desenvolver liderança e confiar mais nas suas próprias capacidades.

Quinta-feira é considerada o dia mais favorável para trabalhar com velas douradas, porque este dia é regido por Júpiter, um planeta associado à expansão, prosperidade, sabedoria e crescimento. Dentro da astrologia esotérica, Júpiter simboliza abundância, sucesso, conhecimento e oportunidades favoráveis.

Como resultado, rituais realizados às quintas-feiras relacionados com dinheiro, projetos importantes, crescimento na carreira ou procura de reconhecimento são frequentemente considerados especialmente poderosos quando se usam velas douradas.

O metal associado a estas velas é o ouro, considerado desde os tempos antigos como o metal mais valioso e desejado pela humanidade. O ouro simboliza riqueza, imortalidade, autoridade e poder espiritual. Ao longo da história, milhões de pessoas lutaram, viajaram e até morreram à procura deste metal precioso, precisamente porque representa o desejo humano de alcançar abundância e transcendência. Nos rituais, o ouro simboliza estabilidade, proteção e a capacidade de atrair oportunidades favoráveis.

O número relacionado com castiçais dourados é 4. Este número representa estabilidade, estrutura e união entre os mundos material e espiritual. Simboliza a construção de bases sólidas, disciplina e a capacidade de transformar sonhos em resultados concretos. Dentro do simbolismo esotérico, 4 está também relacionado com a fusão entre energia solar e riqueza material, representando o equilíbrio entre o sucesso externo e o crescimento interior.

Os óleos essenciais e incensos mais recomendados para acompanhar rituais com velas douradas são as rosas. Para além da sua beleza natural, as rosas possuem uma fragrância considerada capaz de unir desejos materiais com aspirações espirituais. O seu aroma simboliza harmonia, elevação emocional e abertura do coração à abundância e gratidão. Muitas tradições acreditam que o uso de óleo essencial de rosa durante rituais de prosperidade ajuda a equilibrar o desejo de riqueza com a necessidade de manter a paz espiritual e a clareza emocional.

O quartzo associado às velas douradas é o âmbar, uma pedra misteriosa e antiga associada à proteção, boa sorte e poder energético. Desde tempos antigos, o âmbar tem sido usado como amuleto protetor contra energias más e espíritos negativos. Simboliza também vitalidade, força interior e a capacidade de atrair prosperidade. A sua cor quente e luminosa harmoniza-se perfeitamente com a energia solar e expansiva das velas douradas.

O planeta regente desta cor é Júpiter, considerado na astrologia o planeta da sabedoria, crescimento e grandeza. Júpiter representa expansão mental, sucesso, otimismo e a capacidade de alcançar objetivos importantes. As velas douradas atuam precisamente nessa energia de crescimento e beleza, ajudando a pessoa a abrir caminhos, atrair oportunidades e desenvolver autoconfiança.

Em termos de saúde, as velas douradas estão simbolicamente associadas à proteção geral do corpo e ao fortalecimento da energia vital. Tradicionalmente, estão relacionados com o fígado, pâncreas e ductos biliares, órgãos ligados a processos de transformação e equilíbrio interno. Também têm uma forte ligação simbólica com os olhos e a área em redor da cabeça, já que muitas tradições consideram que a aura ou campo de energia das pessoas se manifesta ali. Por esta razão, o ouro simboliza clareza mental, lucidez e fortalecimento espiritual.

Astrologicamente, o signo do zodíaco mais relacionado com velas douradas é Sagitário, um signo regido precisamente por Júpiter. Sagitário representa aventura, expansão, otimismo e uma busca constante de crescimento pessoal. As pessoas nascidas sob este signo geralmente têm uma grande capacidade para ultrapassar obstáculos e alcançar objetivos importantes graças ao seu entusiasmo e perseverança. Velas douradas harmonizam-se perfeitamente com essa energia de conquista, sabedoria e desejo de evolução constante.

Para além das crenças esotéricas, as velas douradas continuam a ser símbolos universais de prosperidade, esperança e autorrealização. A sua chama brilhante transmite uma sensação de força, confiança e abundância, lembrando-nos da capacidade humana de aspirar sempre a algo maior. Talvez seja por isso que o ouro fascina a humanidade desde as civilizações mais antigas: porque representa não só a riqueza material, mas também o profundo desejo de encontrar realização, sucesso e luz interior.

Velas Cinzentas

As velas cinzentas ocupam um lugar muito especial nas tradições esotéricas porque representam equilíbrio, neutralização e transformação energética. São considerados ferramentas espirituais capazes de absorver, bloquear e dissolver energias negativas, conflitos emocionais e ambientes carregados de tensão. Ao contrário de outras cores mais intensas ou diretas, o cinzento funciona da estabilidade e do silêncio, atuando como uma ponte entre a escuridão e a luz, entre o fim de uma fase e o início de uma completamente diferente.

O cinzento simboliza as cinzas, e as cinzas representam aquilo que permanece após a destruição e mudança. Por esta razão, dentro do simbolismo espiritual, o cinzento está profundamente relacionado com os processos de renovação interior, purificação e reconstrução. Não representa apenas tristeza ou exaustão, como muitas vezes se pensa, mas também a capacidade de se levantar após dificuldades e encontrar clareza após o caos emocional. As velas cinzentas são usadas precisamente quando uma pessoa precisa de reorganizar a sua vida, proteger-se de influências negativas ou recuperar estabilidade mental e espiritual.

Dentro das práticas esotéricas, as velas cinzentas são consideradas perfeitas para neutralizar atos de negatividade, inveja, conflitos emocionais e energias densas acumuladas no ambiente. Muitas tradições acreditam que possuem a capacidade de absorver vibrações nocivas e transformá-las lentamente em energias mais equilibradas. Por esta razão, são frequentemente usados em rituais de proteção, limpeza espiritual, remoção de obstáculos e recuperação emocional após experiências difíceis.

O cinzento simboliza também a ligação entre o passado e o futuro. Representa aquele espaço intermédio onde uma etapa termina e outra ainda não começou totalmente. Por esta razão, as velas cinzentas são especialmente recomendadas durante períodos de transição, mudanças importantes, separações, mudanças, novos começos ou períodos em que a pessoa sente incerteza sobre o caminho a seguir. A sua energia ajuda a manter a calma mental e a clareza emocional à medida que as circunstâncias se transformam.

Um dos significados mais profundos das velas cinzentas é a sua relação com a purificação da alma e a renovação da fé. O cinzento surge da união entre preto e branco, duas cores opostas, mas complementares. O branco representa pureza, luz e proteção espiritual, enquanto o preto simboliza a absorção de energias negativas e a transformação profunda. Quando combinadas, ambas as cores criam cinzento, um tom que simboliza o equilíbrio entre forças opostas e a capacidade de encontrar harmonia mesmo em situações difíceis.

Velas cinzentas ajudam a desenvolver força emocional e resiliência mental. São especialmente úteis para pessoas que passam por conflitos internos, stress, exaustão emocional ou ambientes onde predominam discussões, tensões ou manipulações. A sua energia transmite estabilidade, prudência e serenidade, ajudando a recuperar o controlo emocional e a clareza de pensamento.

A terça-feira é considerada o dia mais favorável para trabalhar com velas cinzentas. Este dia está associado a Marte, um planeta ligado à luta, à coragem e à capacidade de superar obstáculos. Embora Marte esteja geralmente associado à força e ao confronto, no caso das velas cinzentas a sua energia é canalizada para a defesa espiritual, resistência emocional e a capacidade de enfrentar conflitos sem perder o equilíbrio interior. Terça-feira simboliza precisamente a luta contra as energias negativas e a vontade de avançar apesar das dificuldades.

Os melhores momentos para realizar rituais com velas cinzentas são o nascer do sol ou a chamada "hora de Marte". A aurora simboliza renascimento, clareza e o início de novas fases após a escuridão da noite. Acender uma vela cinzenta nesse momento representa deixar para trás conflitos, pensamentos negativos e fardos emocionais acumulados. Simboliza também o início de um processo de reconstrução pessoal e espiritual.

O metal associado às velas cinzentas é o aço. Dentro do simbolismo esotérico, o aço representa força, firmeza e proteção. É um metal resistente, difícil de partir e capaz de suportar pressão sem se deformar facilmente. Por esta razão, considera-se ideal acompanhar rituais de defesa espiritual e fortalecimento emocional. Muitas tradições afirmam que colocar objetos de aço no altar ajuda a reforçar a estabilidade energética do ritual.

O número relacionado com castiçais cinzentos é 5. Este número simboliza inspiração, mudança, movimento e transformação interior. Embora 5 possa representar situações imprevisíveis, também reflete a capacidade de se adaptar e crescer através de experiências difíceis. Dentro dos rituais, o número 5 ajuda a quebrar a estagnação e favorece processos de renovação emocional e espiritual.

O incenso e óleo essencial mais recomendados para acompanhar rituais com velas cinzentas é o limão. O limão tem sido usado desde tempos antigos como símbolo de purificação e purificação energética. O seu aroma fresco ajuda a clarear a mente, eliminar tensões e renovar o ambiente emocional. Dentro das práticas esotéricas, o incenso de limão é considerado especialmente poderoso para expulsar energias negativas, dissipar pensamentos sombrios e restaurar a clareza espiritual.

O quartzo mais próximo das velas cinzentas é o quartzo fumado. Esta pedra é conhecida pela sua capacidade de absorver toxicidade emocional e proteger contra vibrações negativas. Dentro das tradições espirituais, o quartzo fumado ajuda a manter a estabilidade emocional e fornece a força necessária para enfrentar situações difíceis com serenidade e maturidade. Simboliza também a resiliência interior e a capacidade de transformação.

O planeta dominante das velas cinzentas é Marte, um símbolo de luta, disciplina e ação. Marte representa a força necessária para enfrentar desafios e defender o que é importante. No caso das velas cinzentas, esta energia é expressa de forma controlada e estratégica, não impulsiva. A sua influência ajuda-os a agir de forma prudente, inteligente e firme perante pessoas conflituosas ou situações emocionalmente exaustivas.

Em termos de saúde, as velas cinzentas estão principalmente relacionadas com o cérebro e o pensamento lógico. Simbolicamente, representam proteção mental, clareza de ideias e estabilidade emocional. Muitas tradições acreditam que ajudam a reduzir o cansaço psicológico, melhorar a concentração e fortalecer a capacidade racional durante períodos de stress ou ansiedade intensos. Simbolizam também o equilíbrio entre lógica e intuição, ajudando a tomar decisões mais conscientes e equilibradas.

Astrologicamente, o signo mais próximo das velas cinzentas é Virgem. Virgem simboliza organização, análise, disciplina e a capacidade de trazer ordem no meio do caos. As pessoas nascidas sob este signo geralmente procuram equilíbrio, estabilidade e soluções práticas para problemas, qualidades que harmonizam perfeitamente com a energia protetora e racional das velas cinzentas.

Para além das crenças esotéricas, as velas cinzentas continuam a ser símbolos de calma, equilíbrio e resiliência emocional. A sua chama suave lembra-nos que, mesmo depois das fases mais difíceis, existe sempre a possibilidade de reconstruir e recomeçar. Talvez seja por isso que o cinzento, longe de representar apenas tristeza ou vazio, simboliza também a sabedoria que nasce após passar pelas tempestades da vida.

Velas Castanhas

Velas castanhas representam estabilidade, proteção familiar, ligação à terra e força emocional. Dentro das tradições esotéricas, o castanho é considerado uma cor profundamente ligada às raízes, à segurança e à capacidade de se manter firme perante as dificuldades da vida. A sua energia transmite uma sensação de estabilidade, prudência e resistência, tornando-se uma das cores mais utilizadas em rituais destinados a proteger o lar, fortalecer os laços familiares e recuperar o equilíbrio emocional após fases difíceis.

O castanho simboliza terra fértil, árvores antigas e tudo o que permanece sólido apesar do passar do tempo. Por esta razão, as velas castanhas estão relacionadas com a sabedoria adquirida através da experiência, paciência e da construção de bases estáveis para o futuro. Não é uma energia impulsiva ou rápida, mas uma força calma e constante que ajuda a avançar passo a passo com confiança e determinação.

No simbolismo espiritual, as velas castanhas são especialmente usadas em rituais cujo propósito é proteger a família e fortalecer a união dentro do lar. Muitas pessoas atiram-nas quando estão preocupadas com os seus entes queridos, quando querem criar estabilidade familiar ou quando passam por conflitos que ameaçam a harmonia doméstica. A energia do castanho ajuda a reforçar o sentimento de pertença, segurança e apoio emocional entre aqueles que lhes são próximos.

Outro dos aspetos mais importantes das velas castanhas é a sua capacidade de aumentar o poder de concentração e a clareza mental. São consideradas ferramentas ideais para estudantes, pessoas que realizam trabalho intelectual ou que precisam de se manter focadas em objetivos importantes durante longos períodos. A sua energia ajuda a reduzir a dispersão mental e favorece o pensamento prático, organizado e disciplinado.

Velas castanhas também simbolizam força interior e resiliência emocional. Dentro das práticas esotéricas, acredita-se que ajudam a suportar períodos difíceis com maior serenidade e estabilidade. Muitas tradições afirmam que esta cor fortalece a vontade e permite encontrar soluções práticas para os problemas do dia a dia. Brown ensina-te a avançar devagar, mas com firmeza, sem te deixares dominar pela ansiedade ou pelo desespero.

Para além da sua relação com proteção e estabilidade, as velas castanhas estão associadas à busca da sabedoria e maturidade espiritual. Representam a capacidade de aprender com as experiências da vida e de desenvolver uma compreensão mais profunda de si próprio e do mundo que nos rodeia. Por esta razão, algumas pessoas utilizam-nos durante meditações ou rituais destinados a encontrar orientação, clareza e equilíbrio emocional.

Quinta-feira é considerada o dia mais favorável para trabalhar com velas castanhas. Este dia é regido por Júpiter, um planeta relacionado com a expansão, sabedoria e crescimento pessoal. Na astrologia esotérica, Júpiter simboliza proteção, prosperidade e a capacidade de superar obstáculos através do conhecimento e da experiência. As velas castanhas canalizam precisamente essa energia de estabilidade e crescimento sólido.

O momento mais apropriado para realizar rituais com velas castanhas é do meio-dia ao anoitecer. Durante estas horas, as energias relacionadas com a terra, a estabilidade e o trabalho pessoal sentem-se com maior intensidade. Muitas tradições consideram especialmente favorável trabalhar durante a hora astrológica de Júpiter ou Vénus, uma vez que ambos os planetas proporcionam equilíbrio emocional, proteção e harmonia familiar.

O número associado aos castiçais castanhos é 4, um número profundamente relacionado com estabilidade, ordem e estrutura. O 4 representa os pontos cardeais, a construção de fundações sólidas e a capacidade de manter o equilíbrio no meio das dificuldades. Dentro das práticas esotéricas, este número simboliza disciplina, perseverança e ligação à realidade material.

O óleo essencial mais recomendado para acompanhar rituais com velas castanhas é a camomila. Desde tempos antigos, a camomila tem sido usada por diferentes culturas devido às suas propriedades calmantes e curativas. Os egípcios usavam-no para aliviar febres e restaurar a energia física, enquanto hoje ainda é usado para relaxar o corpo e a mente após períodos de tensão ou exaustão. Dentro dos rituais, o aroma da camomila ajuda a gerar calma emocional, clareza mental e um sentido de proteção.

O quartzo relacionado com velas castanhas é ônix. Esta pedra tem sido considerada desde os tempos antigos como um poderoso amuleto de proteção contra energias negativas e ambientes emocionalmente pesados. O ónix simboliza força, resistência e a capacidade de absorver tensões espirituais. Também é usado para purificar a aura e fortalecer a estabilidade emocional da pessoa que realiza o ritual.

O planeta dominante das velas castanhas é Júpiter, considerado dentro da astrologia o planeta mais benéfico e expansivo.

Júpiter simboliza sabedoria, proteção, abundância e crescimento interior. A influência deste planeta ajuda a fortalecer a autoconfiança e a encontrar soluções estáveis e práticas para os problemas da vida quotidiana.

Em termos de saúde, as velas castanhas estão principalmente relacionadas com os pés e membros inferiores, partes do corpo simbolicamente associadas à estabilidade e à capacidade de avançar. Também têm uma forte ligação aos órgãos reprodutores e à fertilidade, porque o castanho simboliza solo fértil, criação e continuidade da vida. Segundo as crenças populares, esta cor ajuda a fortalecer a energia física e a resistência do corpo.

Astrologicamente, o signo mais próximo das velas castanhas é Capricórnio. Este sinal representa disciplina, responsabilidade, perseverança e a capacidade de trabalhar pacientemente para alcançar objetivos importantes. As pessoas nascidas sob Capricórnio geralmente têm uma forte ligação com esforço constante, estabilidade e a construção de segurança material e emocional, qualidades que harmonizam perfeitamente com a energia do castanho.

Para além das crenças esotéricas, as velas castanhas continuam a ser símbolos de proteção, firmeza e ligação às raízes mais profundas do ser humano. A sua chama transmite uma sensação de segurança e estabilidade emocional, lembrando-nos da importância de manter-nos firmes mesmo nos momentos mais difíceis. Talvez seja por isso que o castanho, a cor da terra e das árvores antigas, continua a representar a força silenciosa que sustenta a vida e ajuda a reconstruir após cada tempestade.

Velas Castanho-Escuras

As velas castanhas-escuras representam força interior, disciplina, resiliência emocional e estabilidade mental. Embora partilhem muitas características com velas castanho-claras, a sua energia é mais intensa, profunda e concentrada. Dentro das tradições esotéricas, castanho-escuro simboliza a firmeza do chão firme, a capacidade de suportar dificuldades e a força necessária para manter o controlo mesmo nos momentos mais complexos da vida. São velas relacionadas com a perseverança, maturidade e determinação absoluta para alcançar objetivos importantes.

Castanho-escuro é uma cor profundamente ligada à concentração mental e espiritual. Por esta razão, estas velas são usadas em rituais onde é necessário foco, disciplina e a capacidade de manter a atenção em objetivos específicos durante longos períodos. Muitas pessoas recorrem a eles quando passam por momentos de confusão, fadiga emocional ou falta de motivação, pois a sua energia ajuda a recuperar a clareza interior e a estabilidade psicológica.

Dentro do simbolismo espiritual, as velas castanho-escuras fortalecem o carácter e ajudam a desenvolver uma personalidade mais firme e resiliente perante a adversidade. Acredita-se que proporcionam segurança emocional, autocontrolo e a capacidade de enfrentar situações difíceis sem perder estabilidade. São especialmente recomendados para pessoas que precisam de tomar decisões importantes, assumir responsabilidades ou manter-se firmes perante pressões externas.

Estas velas também estão associadas à capacidade de alcançar objetivos. Enquanto outras cores funcionam mais pela inspiração ou intuição, o castanho-escuro simboliza ação constante, paciência e esforço sustentado. Representa a vontade de construir lentamente aquilo que se deseja alcançar, sem se deixar ultrapassar por obstáculos ou dificuldades temporárias. Muitas tradições veem-nos como ajudantes a combater a indecisão e a fortalecer a disciplina necessária para concluir projetos importantes.

O castanho-escuro também tem uma forte ligação com a maturidade espiritual. Simboliza a aprendizagem adquirida através da experiência, do crescimento interior e da capacidade de compreender as lições profundas da vida. Não é uma energia impulsiva ou emocionalmente instável, mas sim uma vibração sólida, prudente e reflexiva que nos leva a agir de forma inteligente e responsável.

Quinta-feira continua a ser o dia mais favorável para trabalhar com velas castanho-escuras, devido à influência de Júpiter. Este planeta representa sabedoria, expansão e crescimento pessoal. Dentro da astrologia esotérica, Júpiter ajuda a fortalecer a confiança, a perseverança e a capacidade de avançar para objetivos importantes com otimismo e disciplina. As velas castanhas-escuras canalizam precisamente essa energia de estabilidade e melhoria contínua.

À tarde, do meio-dia ao anoitecer, é considerada o momento ideal para realizar rituais com esta cor. Durante estas horas, as energias relacionadas com a reflexão, o esforço pessoal e a estabilidade emocional são mais ativas. O crepúsculo simboliza também um tempo de transição e recordação interior, perfeito para fortalecer a concentração e conectar-se com pensamentos profundos.

O número relacionado com velas castanho-escuras é 4, um símbolo universal de ordem, estrutura e firmeza. O número 4 representa as direções cardeais, as bases sólidas e a capacidade de construir estabilidade em todos os aspetos da vida. Dentro das práticas esotéricas, este número ajuda a reforçar a disciplina, a organização e a perseverança emocional.

O óleo essencial recomendado para acompanhar rituais com velas castanhas-escuras é a camomila. Embora muitas pessoas associem a camomila apenas ao relaxamento, dentro do simbolismo espiritual também representa equilíbrio emocional, serenidade mental e resiliência após períodos difíceis. O seu aroma ajuda a reduzir tensões internas e promove a concentração durante os rituais. Desde tempos antigos, diferentes culturas usam a camomila para aliviar o cansaço físico e emocional, razão pela qual harmoniza perfeitamente com a energia protetora e estável do castanho-escuro.

O quartzo associado a estas velas é o ónix, uma pedra considerada um símbolo de resistência, proteção e força espiritual. Ónix ajuda a absorver energias negativas, fortalecer o carácter e proteger emocionalmente quem o utiliza. Muitas tradições acreditam que esta pedra ajuda a desenvolver autocontrolo, clareza mental e estabilidade em tempos de tensão ou conflito. Também é usado para purificar a aura e fortalecer a segurança interior.

O planeta dominante continua a ser Júpiter, um símbolo de sabedoria, expansão e crescimento. No caso do castanho-escuro, a influência de Júpiter manifesta-se em maturidade emocional, perseverança e a capacidade de aprender com experiências difíceis. Estas velas ajudam a manter uma visão mais ampla e estável perante os problemas do dia a dia, favorecendo decisões mais conscientes e responsáveis.

Em termos de saúde, as velas castanho-escuras estão principalmente relacionadas com a cabeça, estabilidade mental e fortalecimento do carácter. Simbolicamente, representam clareza de pensamento, resiliência emocional e proteção contra o cansaço psicológico. Muitas tradições consideram que ajudam a combater a insegurança, o medo e a dispersão mental, fortalecendo a vontade e a capacidade de se manter firme perante as dificuldades.

Astrologicamente, o signo mais próximo das velas castanho-escuras é Capricórnio. Este sinal representa disciplina, responsabilidade, ambição e resiliência perante os desafios. As pessoas nascidas sob Capricórnio são geralmente caracterizadas pela sua capacidade de trabalhar constantemente para alcançar os seus objetivos, mesmo quando o caminho é longo ou complicado. Velas castanho-escuras harmonizam perfeitamente com essa energia persistente e determinada.

Para além das crenças esotéricas, as velas castanho-escuras continuam a ser símbolos de estabilidade, maturidade e força interior. A sua chama transmite uma sensação de segurança e resistência emocional capaz de acompanhar as pessoas em fases em que é necessário manter-se firme e não desistir perante os obstáculos. Talvez seja por isso que esta cor continua a representar a capacidade humana de construir lentamente, com paciência e determinação, os alicerces mais sólidos da vida.

Velas Laranja

As velas laranja representam energia, vitalidade, entusiasmo e poder transformador. Dentro das tradições esotéricas, esta cor está relacionada com a força interior, a capacidade de superar obstáculos e o impulso necessário para avançar em direção a novos objetivos. O laranja combina a intensidade do vermelho com a luminosidade do amarelo, criando uma vibração quente e poderosa associada à ação, criatividade, prosperidade e crescimento pessoal. Por esta razão, as velas laranja são usadas em rituais destinados a fortalecer a vontade, recuperar a motivação e atrair sucesso em situações difíceis.

A cor laranja simboliza movimento, expansão e energia vital. Muitas pessoas recorrem a estas velas quando passam por momentos de exaustão emocional, bloqueios pessoais ou períodos em que sentem que perderam forças para continuar a lutar pelos seus objetivos. A sua chama transmite dinamismo, entusiasmo e um sentido de renovação capaz de reavivar o desejo de avançar e construir projetos importantes.

No simbolismo espiritual, as velas laranja ajudam a aumentar os poderes energéticos da pessoa. Acredita-se que fortalecem o magnetismo pessoal, aumentam a autoconfiança e promovem a capacidade de influenciar positivamente o ambiente.

Representam também coragem e a capacidade de enfrentar desafios complexos sem ficarem paralisados pelo medo ou pela incerteza.

As velas laranja estão profundamente relacionadas com a superação de obstáculos e a realização de tarefas difíceis que exigem esforço constante. Muitas tradições consideram-nos ideais para rituais destinados a abrir caminhos profissionais, iniciar projetos importantes ou recuperar força emocional após experiências exaustivas. O laranja simboliza precisamente a capacidade de se manter ativo e otimista mesmo no meio de situações complicadas.

Outro dos significados tradicionais da cor laranja é a sua relação com a fertilidade e a criação. Dentro das antigas correntes esotéricas, representa fertilidade, expansão da vida e capacidade de gerar novas oportunidades tanto físicas como espirituais. Simboliza também criatividade, inspiração e o desenvolvimento de talentos pessoais.

As velas laranja são amplamente utilizadas em práticas e rituais de alta magia relacionados com magnetismo pessoal, prosperidade e proteção familiar. Muitas pessoas acreditam que ajudam a fortalecer a energia da casa, atrair abundância e criar ambientes emocionais mais quentes e positivos. Também são usados para invocar proteção espiritual e fortalecer o vínculo entre os membros da família.

O domingo é considerado o dia mais favorável para trabalhar com velas laranja. Este dia é simbolicamente regido pelo Sol e representa o descanso, a renovação energética e a ligação com a força vital. Dentro das tradições espirituais, o domingo é ideal para rituais relacionados com prosperidade, vitalidade e crescimento pessoal. A energia solar ajuda a aumentar o dinamismo e a capacidade de expansão associados à cor laranja.

O nascer do sol é o momento mais apropriado para acender velas laranja, pois simboliza o nascimento, a renovação e o início de novas fases. No entanto, também é considerado especialmente favorável trabalhar com estas velas durante a hora do Sol, especialmente às quintas ou sextas-feiras, dias associados à expansão, harmonia e prosperidade. A luz da aurora combinada com energia laranja simboliza o despertar interior e o fortalecimento da energia vital.

O metal associado às velas laranja é o ouro. Desde tempos antigos, o ouro representa riqueza, perfeição e poder espiritual. A sua relação com o Sol e a alquimia faz dele o metal ideal para acompanhar rituais destinados a atrair sucesso, abundância e realização pessoal. O ouro simboliza também a capacidade humana de transformar experiências difíceis em crescimento e sabedoria.

O número relacionado com as velas laranja é 1, um símbolo universal de início, liderança e criação. O número 1 representa independência, iniciativa e força de vontade. Dentro do simbolismo esotérico, considera-se a base sobre a qual todos os outros números são construídos e simboliza o início de novas oportunidades e projetos importantes.

O incenso mais recomendado para acompanhar rituais com velas laranja são as rosas. Para além do seu aroma agradável, as rosas têm uma forte vibração emocional relacionada com a harmonia, o amor e a purificação energética. O incenso de rosa ajuda a limpar ambientes carregados de negatividade, melhorar a comunicação e criar um ambiente emocional mais equilibrado e positivo.

O quartzo associado às velas laranja é o diamante, uma pedra considerada símbolo de perfeição, clareza e poder espiritual. Dentro das tradições esotéricas, o diamante ajuda a equilibrar as energias, fortalecer a mente e focar corretamente a intenção do ritual. Simboliza também resistência, pureza e a capacidade de canalizar energias de forma intensa e precisa.

O planeta dominante das velas laranja é o Sol. Embora astronomicamente não seja considerado um planeta, na astrologia tradicional o Sol representa a principal fonte de vida, criação e energia universal. Simboliza liderança, vitalidade, autoestima e força interior. As velas laranja canalizam precisamente essa energia solar de expansão, entusiasmo e capacidade de iluminar novos caminhos.

Em termos de saúde, as velas laranja estão relacionadas com o fortalecimento geral do corpo e o aumento da energia vital. Simbolicamente, beneficiam especialmente o coração, a coluna vertebral e a cabeça, partes do corpo associadas à força, estabilidade e vitalidade. Muitas tradições consideram que ajudam a combater o cansaço físico e emocional, fortalecendo o humor e a resiliência.

Astrologicamente, o signo mais próximo dos castiçais laranja é Leão. Leo representa liderança, criatividade, força de vontade e o desejo de se destacar. As pessoas nascidas sob este signo geralmente têm grande magnetismo pessoal, confiança e capacidade para assumir responsabilidades importantes. As velas laranja harmonizam perfeitamente com a energia intensa, quente e expansiva característica de Leo.

Para além das crenças esotéricas, as velas laranja continuam a ser símbolos de entusiasmo, energia e autoaperfeiçoamento. A sua chama quente transmite um sentido de otimismo e movimento, lembrando-nos da importância de manter viva a paixão pela vida mesmo nos momentos mais difíceis. Talvez seja por isso que a cor laranja continua a representar a capacidade humana de crescer, reconstruir e avançar fortemente rumo a novos começos.

Velas Negras

As velas negras são provavelmente as mais rodeadas de mistério, superstição e simbolismo dentro do mundo esotérico. Desde tempos antigos, o preto tem sido associado ao desconhecido, à noite, ao luto, ao silêncio e a forças invisíveis que os seres humanos não conseguem compreender totalmente. Por esta razão, muitas pessoas associam imediatamente velas negras a magia negra, feitiços ou rituais perigosos. No entanto, em várias tradições espirituais, as velas negras não são consideradas apenas símbolos negativos. Pelo contrário, possuem uma função profundamente protetora e purificadora, pois acredita-se que têm a capacidade de absorver, conter e remover energias nocivas do ambiente.

Velas negras são usadas em rituais de proteção, limpeza energética e eliminação da negatividade acumulada. A sua energia atua como uma espécie de barreira espiritual capaz de bloquear influências tóxicas, inveja, tensões emocionais e ambientes cheios de conflitos. Dentro de muitas correntes esotéricas, o preto não simboliza o mal, mas sim absorção e transformação. Tal como a noite envolve e esconde tudo sob a sua escuridão, a vela negra simboliza a capacidade de recolher energias negativas e neutralizá-las.

O preto tem uma relação simbólica com o vazio, o mistério e o desconhecido. É uma cor que convida à introspeção, ao silêncio e ao confronto com os próprios medos internos. Por esta razão, as velas negras são frequentemente usadas durante fases de transformação emocional, ciclos de encerramento ou momentos em que é necessário cortar laços negativos e libertar-se de pesados fardos espirituais. Representam a morte simbólica daquilo que prejudica, permitindo mais tarde um novo começo.

Dentro da magia das velas, o preto também tem um significado positivo e poderoso porque, simbolicamente, contém todas as cores. Enquanto o branco representa a soma da luz, o preto representa a absorção total de energias e vibrações. Isto torna as velas pretas ferramentas ideais para rituais destinados a limpar ambientes, remover bloqueios e absorver tensões emocionais ou espirituais acumuladas.

O preto complementa energeticamente o branco. Por esta razão, em muitas cerimónias espirituais, ambas as velas são usadas em conjunto. A vela branca traz luz, proteção e harmonia, enquanto a vela negra absorve a negatividade e fortalece o trabalho espiritual. Nos rituais de invocação ou proteção, as velas negras frequentemente atuam como velas de suporte, ajudando a reforçar a força energética das velas principais e facilitando que as intenções atinjam o seu alvo sem interferências externas.

Segunda-feira é considerada um dos dias mais apropriados para trabalhar com velas negras, especialmente quando o objetivo do ritual é purificar o ambiente ou eliminar energias negativas. Segunda-feira, regida pela Lua, representa renovação emocional e purificação interior. Muitas tradições consideram este dia para promover a introspeção e ajudar a captar as energias positivas de forma mais clara após remover influências densas ou contraditórias.

No entanto, também é considerado especialmente poderoso trabalhar com velas pretas aos sábados à tarde ou durante a chamada "Hora de Saturno". Saturno é o planeta relacionado com disciplina, limites, proteção e transformação profunda. A sua energia favorece rituais destinados a quebrar ciclos negativos, fortalecer o carácter e enfrentar situações difíceis com maturidade e resistência emocional.

A manhã cedo é outra altura considerada favorável para usar velas pretas, pois simboliza o instante em que a escuridão começa a recuar perante a chegada da luz. Isto representa simbolicamente o triunfo sobre as energias negativas e o início de um processo de renovação espiritual.

O número associado aos castiçais pretos é 8, um número profundamente relacionado com poder, equilíbrio e triunfo sobre a escuridão. O 8 simboliza transformação, resistência e a capacidade de ultrapassar obstáculos importantes. Representa também continuidade, força interior e controlo sobre situações difíceis. Dentro das práticas esotéricas, 8 ajuda a fortalecer rituais destinados à proteção, purificação e recuperação do equilíbrio emocional.

O óleo essencial mais recomendado para acompanhar rituais com velas pretas é o patchouli. Este aroma intenso e terroso tem sido usado durante séculos pelas suas propriedades relacionadas com a proteção, segurança emocional e fortalecimento pessoal. O patchouli ajuda a eliminar inseguranças, reduzir medos e fortalecer a autoestima. Também promove a ligação com a terra e proporciona estabilidade emocional em tempos de tensão ou incerteza.

O quartzo associado às velas negras é a turmalina negra, considerada uma das pedras de proteção energética mais poderosas dentro do esoterismo. A turmalina negra simboliza defesa espiritual, absorção da negatividade e capacidade de bloquear influências nocivas do ambiente. Muitas pessoas usam-no como amuleto protetor contra ambientes pesados, conflitos emocionais ou pessoas tóxicas.

O planeta dominante das velas negras é Saturno, um símbolo de disciplina, estrutura e profunda transformação. Saturno representa as lições difíceis da vida, a necessidade de enfrentar responsabilidades e a capacidade de se fortalecer através de experiências dolorosas. As velas negras funcionam precisamente com essa energia de proteção, maturidade e eliminação daquilo que nos impede de avançar.

Em termos de saúde, as velas negras estão simbolicamente relacionadas com os sistemas linfático e excretor, uma vez que ambos cumprem funções de limpeza e eliminação no corpo. Dentro das crenças espirituais, estas velas ajudam a libertar tensões acumuladas, pensamentos negativos e fardos emocionais que afetam o equilíbrio mental e físico.

Astrologicamente, o signo mais relacionado com velas negras é Capricórnio. Este sinal representa disciplina, resistência, autocontrolo e a capacidade de superar dificuldades através de esforço constante. Capricórnio possui uma energia séria, profunda e perseverante, qualidades que harmonizam perfeitamente com o simbolismo protetor e transformador das velas negras.

Para além das superstições e medos que historicamente rodeavam o preto, as velas pretas continuam a ser símbolos de

proteção, transformação e força espiritual. A sua chama
lembra-nos que mesmo na escuridão existe a possibilidade de
purificação, cura e reconstrução. Porque muitas vezes, antes de
encontrar a luz, o ser humano precisa primeiro de atravessar as
suas próprias sombras para compreender verdadeiramente a sua
força interior.

Velas de Prata

As velas prateadas representam intuição, proteção espiritual, sensibilidade emocional e ligação às energias mais profundas do universo. Dentro das tradições esotéricas, a prata é considerada uma cor misteriosa e altamente espiritual, relacionada com a Lua, os sonhos, o subconsciente e a perceção intuitiva. O seu brilho suave lembra o reflexo da lua na água e simboliza serenidade, evolução interior e a capacidade de perceber aquilo que normalmente permanece oculto aos sentidos comuns.

Tal como as velas negras, as velas prateadas possuem uma forte capacidade de neutralizar energias negativas e proteger espiritualmente a pessoa que realiza o ritual. No entanto, enquanto o preto absorve e transforma a negatividade da escuridão e da profundidade, o prateado atua como luz suave e elevação espiritual. A sua energia purifica, harmoniza e fortalece a ligação com forças protetoras, especialmente aquelas relacionadas com guias espirituais, intuição e sabedoria interior.

As velas de prata são amplamente utilizadas em rituais destinados a reforçar a espiritualidade e promover processos de evolução emocional e mental. Muitas tradições acreditam que ajudam a abrir a consciência, desenvolver sensibilidade psíquica e fortalecer a capacidade de perceber sinais intuitivos. São velas especialmente recomendadas para pessoas que praticam meditação, interpretação de sonhos, desenvolvimento espiritual ou trabalhos relacionados com a perceção de energia.

Dentro do simbolismo espiritual, a cor prata está também relacionada com sonhos visionários e a capacidade de receber mensagens intuitivas através do subconsciente. É considerada uma cor profundamente ligada à imaginação, à perceção extrassensorial e à ligação a planos espirituais superiores. Muitas pessoas usam velas de prata antes de dormir ou durante meditações noturnas com a intenção de promover sonhos reveladores, clareza emocional ou inspiração espiritual.

Outro aspeto importante das velas de prata é a sua relação com o magnetismo pessoal e a atração energética. A sua vibração ajuda a fortalecer a aura, melhorar a perceção emocional e criar uma presença mais harmoniosa e envolvente. Não é um magnetismo agressivo ou dominador, mas uma energia suave e misteriosa que desperta sensibilidade e profunda ligação emocional.

A terça-feira é considerada o dia mais favorável para trabalhar com velas de prata. Embora muitas tradições associem esta cor à Lua, a terça-feira traz a força e determinação necessárias para proteger a energia espiritual das influências negativas. Esta combinação de sensibilidade e intensidade permite que a vela de prata atue tanto como ferramenta de proteção como de evolução interior.

A manhã é o momento mais apropriado para acender velas de prata, especialmente durante as horas calmas, quando o ambiente permanece calmo e emocionalmente estável. Também é considerado particularmente favorável ao trabalho durante a "hora da Lua", um período associado à intuição, sensibilidade e abertura espiritual. Estas horas promovem a concentração e ajudam a criar um ambiente propício à meditação e à introspeção.

O metal associado às velas de prata é naturalmente prata. Desde tempos antigos, a prata tem sido considerada um metal lunar relacionado com a proteção, intuição e sensibilidade espiritual. O seu brilho suave simboliza pureza emocional e a capacidade de refletir energias negativas sem as absorver totalmente. Além disso, a prata representa flexibilidade emocional e equilíbrio entre os mundos racional e intuitivo.

O número relacionado com as velas de prata é 9, um número associado à espiritualidade, evolução e sabedoria interior. O 9 simboliza a culminação de ciclos, compreensão profunda e crescimento emocional. Dentro das práticas esotéricas, representa também a sensibilidade humana, compaixão e ligação com dimensões superiores da consciência.

Os incensos e óleos essenciais mais recomendados para acompanhar rituais com velas de prata são a laranja e a baunilha. Ambos os aromas possuem uma vibração quente e etérea que ajuda a criar ambientes espiritualmente harmoniosos. A laranja traz clareza emocional, otimismo e energia positiva, enquanto a baunilha transmite calma, doçura e uma sensação de proteção emocional. Juntos, ajudam a equilibrar a sensibilidade emocional e a fortalecer a ligação espiritual.

O planeta dominante das velas prateadas é Úrano. Dentro da astrologia esotérica, Úrano representa intuição, mudanças profundas, despertar espiritual e ligação com energias superiores. É considerado um planeta associado à evolução da consciência e à capacidade de ultrapassar fronteiras mentais para aceder a novas formas de compreensão espiritual. As velas de prata canalizam precisamente essa energia inovadora, intuitiva e transformadora.

Em termos de saúde, as velas de prata estão principalmente relacionadas com o sistema nervoso e o equilíbrio emocional. Simbolicamente, ajudam a reduzir a tensão mental, acalmar a ansiedade e fortalecer a estabilidade psicológica. Muitas tradições acreditam que favorecem estados de serenidade e clareza emocional necessárias para manter o equilíbrio interior perante o stress e as preocupações diárias.

Astrologicamente, os signos mais relacionados com velas de prata são sagitários e Peixes. Sagitário representa a busca espiritual, a sabedoria e a vocação filosófica ou religiosa. Peixes, por outro lado, simboliza sensibilidade, intuição e profunda ligação emocional com o mundo espiritual. Ambos os signos partilham uma forte necessidade de compreender aquilo que existe para além do material, razão pela qual harmonizam perfeitamente com a energia intuitiva e elevada das velas de prata.

Para além das crenças esotéricas, as velas de prata continuam a ser símbolos de calma, intuição e proteção espiritual. A sua luz suave transmite uma sensação de mistério sereno e profunda ligação emocional, lembrando-nos da importância de ouvir a voz interior e confiar na intuição. Talvez seja por isso que a prata ainda está associada à Lua e aos sonhos: porque representa aquela parte silenciosa do ser humano que procura respostas para além do visível e que encontra, na luz ténue de uma vela, uma ponte para o espiritual e o desconhecido.

Velas Vermelhas

As velas vermelhas representam força, paixão, coragem, energia vital e capacidade de luta. Dentro das tradições esotéricas, o vermelho é uma das cores mais intensas e poderosas de toda a escala cromática, pois simboliza o fogo da vida, o impulso para avançar e a vontade de conquistar objetivos importantes. A sua energia está profundamente ligada à ação, ao desejo, à sobrevivência e à capacidade humana de resistir mesmo nas circunstâncias mais difíceis.

As velas vermelhas estão relacionadas com todos os aspetos que fortalecem as características materiais e emocionais das pessoas. São usados para recuperar a motivação, aumentar a segurança pessoal e reforçar a força necessária para iniciar novos projetos ou enfrentar desafios complexos. Muitas tradições consideram que estas velas ajudam a despertar a energia interior quando há cansaço emocional, medo ou falta de confiança.

O vermelho é a cor do sangue e, simbolicamente, representa a vida a circular intensamente dentro do ser humano. Também está associada à coragem, paixão, violência e emoções intensas. Nas práticas espirituais, estas forças não são necessariamente vistas de forma negativa, mas sim como energias poderosas que, quando canalizadas corretamente, podem ser transformadas em determinação, resistência e superação.

Velas vermelhas simbolizam luta, proteção e o desejo de viver. Por esta razão, muitas pessoas utilizam-nos em rituais destinados a fortalecer o carácter, recuperar energia física e emocional ou proteger-se de acidentes e situações perigosas. A sua chama transmite uma sensação de movimento, intensidade e ação imediata. É uma cor que te encoraja a agir, a defender os teus sonhos e a enfrentar a vida com coragem.

Dentro das tradições esotéricas, as velas vermelhas são especialmente recomendadas para pessoas indecisas ou emocionalmente debilitadas. Acredita-se que ajudam a recuperar a confiança, a determinação e a capacidade de tomar decisões importantes. Também fortalecem a autoestima e a motivação quando uma pessoa sente que perdeu o entusiasmo ou o rumo na sua vida.

O vermelho está profundamente relacionado com a paixão e o desejo. Por esta razão, para além do seu uso em rituais de proteção e força pessoal, é também uma das cores mais usadas em obras relacionadas com o amor, a atração física e o magnetismo emocional. No entanto, ao contrário do rosa, que simboliza ternura e harmonia, o vermelho representa

intensidade emocional, desejo ardente e emoções difíceis de
ignorar.

A terça-feira é considerada o dia mais favorável para trabalhar
com velas vermelhas. Este dia é dominado por Marte, um
planeta associado à guerra, ação, força física e coragem. A
energia de Marte favorece rituais relacionados com coragem,
liderança, superação de obstáculos e recuperação de poder
pessoal. Por esta razão, muitas tradições afirmam que os rituais
realizados às terças-feiras possuem uma intensidade energética
especialmente forte quando se usam velas vermelhas.

O momento mais apropriado para acender estas velas é durante
a chamada "Hora de Marte", um momento astrológico
associado à ação, impulso e determinação. Trabalhar com esta
energia simboliza enfrentar os problemas de frente e agir de
forma decisiva perante as dificuldades.

O metal associado às velas vermelhas é o ferro. Desde tempos
antigos, o ferro tem sido usado para fabricar armas, ferramentas
e estruturas robustas. Simboliza força, resistência e capacidade
de construção. No simbolismo espiritual, o ferro representa
proteção, firmeza e vontade de transformar a realidade através
do esforço e da ação constante.

O número relacionado com castiçais vermelhos é 3. Este número simboliza expansão, energia criativa e movimento constante. Dentro das práticas esotéricas, 3 representa ação, crescimento e a capacidade de concretizar projetos. Simboliza também o impulso vital e a força para avançar em direção a novos objetivos.

O óleo essencial mais recomendado para acompanhar rituais com velas vermelhas é o eucalipto. O aroma do eucalipto tem propriedades purificadoras e revitalizadoras. É usado para limpar ambientes, eliminar energias negativas e fortalecer a sensação de vitalidade física e mental. Muitas tradições recomendam colocar algumas gotas de óleo de eucalipto nas mãos antes do ritual para promover a concentração e fortalecer a energia pessoal.

O quartzo associado às velas vermelhas é granado, uma pedra profundamente associada à paixão, força e resiliência emocional. Granada simboliza vitalidade, coragem e a capacidade de enfrentar desafios importantes sem perder a motivação. Desde tempos antigos, era usado como amuleto protetor para guerreiros e pessoas que precisavam de força física e emocional.

O planeta dominante das velas vermelhas é Marte, conhecido na astrologia como o planeta vermelho. Marte representa ação, desejo, luta e sobrevivência. A sua energia impulsiona-os a agir com coragem e a defender aquilo que querem alcançar. As velas vermelhas canalizam precisamente essa força intensa e dinâmica que impulsiona os seres humanos a avançar mesmo quando o caminho parece complicado.

Em termos de saúde, as velas vermelhas simbolizam proteção e fortalecimento geral do corpo. Muitas tradições consideram-nos como ajudam a revitalizar o corpo, aumentar a energia física e estimular a força interior. Representam também resiliência emocional e resiliência perante o esgotamento ou dificuldades.

Astrologicamente, os signos mais relacionados com velas vermelhas são Aries e Escorpião. Aries simboliza impulso, liderança e coragem, enquanto Escorpião representa intensidade emocional, transformação e força interior. Ambos os signos possuem uma energia intensa e poderosa que harmoniza perfeitamente com o simbolismo apaixonado e combativo das velas vermelhas.

Para além das crenças esotéricas, as velas vermelhas continuam a ser símbolos universais de paixão, coragem e energia vital. A sua chama intensa transmite força, movimento e desejo de viver plenamente. Talvez seja por isso que o vermelho continua a ser uma das cores mais marcantes dentro do simbolismo humano: porque representa o fogo interior que impulsiona as pessoas a amar, lutar, criar e continuar a avançar mesmo perante as maiores dificuldades.

Velas Cor-de-Rosa

As velas cor-de-rosa representam amor, ternura, harmonia emocional e sensibilidade afetiva. Dentro das tradições esotéricas, o rosa é considerado a cor mais relacionada com o amor sincero, a doçura emocional e as relações construídas a partir de afeto genuíno e compreensão mútua. Ao contrário do vermelho, que simboliza paixão intensa e desejo impulsivo, o rosa trabalha sobre emoções mais suaves, equilibradas e profundas. Por esta razão, as velas cor-de-rosa são amplamente utilizadas em rituais destinados a fortalecer os laços emocionais, curar relacionamentos, atrair o verdadeiro amor e promover a reconciliação.

A cor rosa simboliza a capacidade humana de amar e de se ligar emocionalmente a partir da sensibilidade e do respeito. A sua energia transmite calma, ternura e a necessidade de partilhar afeto de forma sincera. Muitas pessoas recorrem a estas velas quando querem melhorar relações amorosas, fortalecer amizades importantes ou recuperar a harmonia após conflitos emocionais. A sua chama representa afeto, compreensão e a busca pelo equilíbrio emocional nas relações humanas.

No simbolismo espiritual, as velas cor-de-rosa são consideradas ideais para rituais relacionados com fertilidade, amor e reconciliação. Desde tempos antigos, o rosa tem sido associado à energia criativa, à ligação afetiva e à capacidade de construir relações baseadas no apoio mútuo e na estabilidade emocional. Muitas tradições acreditam que estas velas ajudam a curar feridas sentimentais, a reduzir tensões emocionais e a reabrir o coração após experiências dolorosas.

Em relações estáveis, as velas cor-de-rosa não só fortalecem o afeto e a comunicação emocional, como também ajudam a aumentar a paixão numa ligação mais íntima e sensível. Representam a união equilibrada entre romantismo e desejo, favorecendo relações onde existe compreensão emocional e atração física. Por esta razão, muitos casais usam velas cor-de-rosa durante rituais destinados a renovar a harmonia e fortalecer o vínculo sentimental.

A cor rosa também está relacionada com a liberdade emocional e a expressão autêntica dos sentimentos. Dentro de algumas correntes esotéricas, estas velas simbolizam mente aberta, sensibilidade e aceitação emocional. Considera-se que ajudam a libertar pensamentos reprimidos e promovem a expressão sincera de amor e identidade afetiva. A sua energia suaviza emoções agressivas, reduz conflitos e ajuda a transformar a resistência emocional em compreensão e empatia.

As velas cor-de-rosa também representam amor-próprio e equilíbrio emocional. Muitas tradições acreditam que, antes de construir relações saudáveis com os outros, é necessário primeiro desenvolver amor-próprio e aceitação. Por esta razão, estas velas também são usadas em rituais destinados a fortalecer a autoestima, curar inseguranças e recuperar a confiança emocional após desilusões sentimentais.

Sexta-feira é o dia mais favorável para trabalhar com velas cor-de-rosa. Este dia é regido por Vénus, um planeta associado ao amor, à beleza, à harmonia e às relações afetivas. Na astrologia esotérica, Vénus simboliza prazer, sensibilidade e a capacidade de criar laços emocionais profundos. Os rituais realizados às sextas-feiras têm uma energia especialmente favorável para assuntos relacionados com amor, reconciliação e bem-estar emocional.

A tarde e, especialmente, a chamada "hora de Vénus" são consideradas as alturas ideais para acender velas cor-de-rosa. Durante estas horas, as energias relacionadas com sensibilidade, beleza e harmonia emocional fluem com maior intensidade. Muitas tradições consideram que realizar rituais de amor nesta altura fortalece as possibilidades de reconciliação, proximidade afetiva e estabilidade sentimental.

O metal associado às velas cor-de-rosa é o cobre. Este metal simboliza a transmissão de energia, sensibilidade emocional e a capacidade de se conectar entre as pessoas. O cobre é considerado um metal nobre e altamente condutor, qualidades que representam a facilidade de transmitir sentimentos e fortalecer os laços emocionais. Nos rituais, o cobre ajuda a equilibrar as emoções e a promover a harmonia emocional.

O número relacionado com velas cor-de-rosa é 7, um número profundamente associado à espiritualidade, amor e sensibilidade interior. Dentro do simbolismo esotérico, o 7 representa a perfeição emocional, a ligação espiritual e a busca pelo equilíbrio entre corpo, mente e sentimentos. Simboliza também a intuição e a capacidade de compreender o amor a partir de uma dimensão mais profunda e consciente.

Os incensos e óleos essenciais mais recomendados para acompanhar rituais com velas cor-de-rosa são rosa e canela. A rosa representa beleza, romantismo e delicadeza emocional, enquanto a canela traz paixão, calor e energia vital. A combinação de ambos o aroma ajuda a criar ambientes carregados de harmonia afetiva e magnetismo emocional. Muitas tradições consideram que estes aromas fortalecem a atração emocional e promovem reconciliações sentimentais.

O quartzo associado às velas cor-de-rosa é o quartzo rosa, uma das pedras mais relacionadas com o amor, a paz interior e a cura emocional. O quartzo rosa simboliza ternura, pureza e a capacidade de abrir o coração a sentimentos sinceros. Acredita-se que ajuda a libertar a tristeza, aliviar a dor emocional e atrair relações mais saudáveis e equilibradas. Representa também amor-próprio e aceitação emocional.

O planeta dominante das velas cor-de-rosa é Vénus, um símbolo universal de amor, beleza e harmonia. Vénus governa as relações afetivas, o prazer, a arte e a capacidade de desfrutar emocionalmente da vida. As velas cor-de-rosa canalizam precisamente aquela energia venusiana de doçura, sensibilidade e equilíbrio sentimental.

Em termos de saúde, as velas cor-de-rosa estão simbolicamente relacionadas com os órgãos sexuais, equilíbrio hormonal e bem-estar emocional. Nas crenças populares, ajudam a proteger o corpo contra tensões emocionais e promovem a estabilidade psicológica e a harmonia interior. Simbolizam também fertilidade, cuidado emocional e cura emocional.

Astrologicamente, os signos mais próximos das velas cor-de-rosa são Balança e Touro, ambos governados por Vénus. Balança representa harmonia, romantismo e a necessidade de equilíbrio nas relações, enquanto Touro simboliza estabilidade, sensualidade e segurança emocional. As energias das velas cor-de-rosa harmonizam-se perfeitamente com estas qualidades afetivas e sensíveis características de ambos os signos.

Para além das crenças esotéricas, as velas cor-de-rosa continuam a ser símbolos universais de amor, ternura e paz emocional. A sua luz suave transmite uma sensação de calma, proteção e afeto sincero, lembrando-nos da importância da sensibilidade e dos laços emocionais na vida humana. Talvez seja por isso que o rosa continua a ser uma das cores mais relacionadas com o coração e com a necessidade profundamente humana de amar e sentir-se amado.

Velas Verdes

As velas verdes representam prosperidade, abundância, crescimento, esperança e renovação espiritual. Dentro das tradições esotéricas, o verde é uma das cores mais relacionadas com dinheiro, sorte e sucesso material, mas também simboliza o equilíbrio emocional, a evolução interior e a ligação com a natureza. A sua energia faz lembrar as florestas, a primavera e a constante capacidade da vida de renascer mesmo após as fases mais difíceis. Por esta razão, as velas verdes são usadas em rituais destinados a atrair prosperidade económica, abrir caminhos de emprego, reforçar a estabilidade material e recuperar a esperança quando as circunstâncias parecem estagnadas.

O verde simboliza crescimento contínuo e a capacidade de avançar em direção a objetivos importantes. Muitas pessoas usam estas velas quando querem melhorar a sua situação financeira, encontrar novas oportunidades de emprego ou desenvolver projetos pessoais com maiores hipóteses de sucesso. A sua energia transmite otimismo, estabilidade e confiança no futuro, ajudando a manter uma atitude positiva mesmo perante obstáculos.

No simbolismo espiritual, as velas verdes também representam inteligência, comunicação e conhecimento. Acredita-se que ajudam a desenvolver clareza mental e a capacidade de tomar decisões práticas e benéficas. Muitas tradições consideram que o verde fortalece a responsabilidade, fidelidade e disciplina necessárias para o sucesso profissional e a estabilidade duradoura. Não se trata apenas de atrair dinheiro rápido, mas de construir uma prosperidade sólida e sustentada ao longo do tempo.

A cor verde também simboliza as aspirações humanas de autoaperfeiçoamento e crescimento. Representa o desejo de alcançar objetivos importantes, evoluir pessoalmente e construir uma vida mais estável e equilibrada. Por esta razão, as velas verdes não são usadas apenas para rituais económicos, mas também para fortalecer a autoestima, recuperar a esperança e abrir a novas possibilidades de desenvolvimento pessoal.

As velas verdes têm uma ligação profunda com a natureza. A sua energia transmite renovação, fertilidade e adaptabilidade. Tal como a natureza renasce após o inverno, o verde simboliza a possibilidade de recomeçar, curar feridas emocionais e recuperar a motivação após períodos difíceis. Muitas pessoas utilizam-nas em momentos de mudanças importantes ou quando sentem necessidade de recuperar o equilíbrio interior.

O sábado é considerado o dia mais favorável para trabalhar com velas verdes. Este dia está relacionado com Saturno e rituais destinados a assuntos materiais, estabilidade económica e à construção de objetivos sólidos. Embora Saturno seja geralmente visto como um planeta severo, dentro da astrologia esotérica também representa disciplina, perseverança e a capacidade de alcançar conquistas importantes através de esforço constante. As velas verdes canalizam precisamente essa energia de crescimento estável e responsável.

A altura mais adequada para acender velas verdes é das seis da tarde e durante a noite. É também considerado especialmente favorável trabalhar durante a "hora de Saturno", um período associado à concentração, reflexão e fortalecimento de objetivos materiais. O crepúsculo também simboliza um período de recordação interior em que a mente está mais receptiva a focar-se em objetivos e aspirações profundas.

O metal relacionado com velas verdes é o chumbo. Dentro do simbolismo esotérico, o chumbo representa proteção, resistência e a capacidade de bloquear influências negativas externas. Devido à sua estrutura sólida e pesada, simboliza estabilidade e força perante as dificuldades. Muitas tradições consideram que ajuda a manter a firmeza emocional e a clareza mental enquanto a pessoa trabalha para alcançar os seus objetivos.

O número associado às velas verdes é 7, um número profundamente relacionado com espiritualidade, transformação e grandes mudanças na vida humana. Dentro das práticas esotéricas, o 7 simboliza evolução, aprendizagem e a capacidade de abrir novos caminhos. É considerado um número com uma vibração poderosa, capaz de produzir transformações súbitas e favorecer oportunidades inesperadas.

O óleo essencial mais recomendado para acompanhar rituais com velas verdes é o cacau. O cacau tem uma energia quente e reconfortante que simboliza abundância, prazer e abertura emocional. Nas tradições espirituais, considera-se que ajuda a ultrapassar obstáculos e abrir caminhos para a prosperidade e o sucesso. O seu aroma cria uma atmosfera de estabilidade e confiança, favorecendo a concentração em objetivos materiais e pessoais.

O quartzo associado às velas verdes é a esmeralda, uma pedra considerada um símbolo de sabedoria, prosperidade e força espiritual. Desde tempos antigos, a esmeralda tem sido associada à riqueza, ao conhecimento e à proteção emocional. Dentro das práticas esotéricas, acredita-se que fortalece a vontade, ajuda a tomar decisões corretas e promove tanto a estabilidade emocional como a económica.

O planeta dominante das velas verdes é Saturno, símbolo de estrutura, responsabilidade e evolução através da experiência. Saturno representa as lições da vida, a disciplina e a capacidade de construir algo duradouro através de esforço constante. As velas verdes atuam precisamente nessa dualidade humana entre desejos materiais e crescimento espiritual, ajudando a equilibrar ambição com responsabilidade.

Em termos de saúde, as velas verdes estão principalmente relacionadas com o sistema esquelético e o sistema sanguíneo. Simbolicamente, representam força física, estabilidade e resiliência. Muitas tradições consideram que ajudam a fortalecer as partes mais frágeis do corpo e simbolizam longevidade, resiliência e renovação energética.

Astrologicamente, os signos mais relacionados com velas verdes são aquários e Capricórnio. Capricórnio simboliza disciplina, perseverança e ambição material, enquanto Aquário representa inovação, inteligência e visão do futuro. Ambos os sinais apresentam características relacionadas com a construção de projetos, a busca de estabilidade e a capacidade de avançar para objetivos importantes, qualidades que harmonizam perfeitamente com a energia próspera e renovadora da vegetação.

Para além das crenças esotéricas, as velas verdes continuam a ser símbolos universais de esperança, abundância e crescimento. A sua chama transmite uma sensação de renovação e otimismo, lembrando-nos que há sempre a possibilidade de reconstruir a vida e abrir novos caminhos para a prosperidade e o bem-estar. Talvez seja por isso que o verde continua a ser a cor da natureza e da própria vida: porque simboliza a capacidade infinita de crescer, curar e florescer novamente após qualquer dificuldade.

Velas Violetas

As velas violetas representam espiritualidade, transformação interior, intuição e ligação aos planos superiores da consciência. Dentro das tradições esotéricas, o violeta é considerado uma das cores mais místicas e elevadas de toda a escala cromática, pois simboliza a união entre os mundos material e espiritual. A sua energia está relacionada com a sabedoria, meditação, despertar psíquico e a capacidade de compreender dimensões mais profundas da existência humana.

Os rituais realizados com velas violetas são usados principalmente para promover processos de cura, fortalecer a proteção espiritual e desenvolver capacidades intuitivas ou psíquicas. Muitas tradições consideram que esta cor ajuda a elevar a vibração energética das pessoas e facilita o contacto com estados superiores de consciência. Por esta razão, as velas violetas são amplamente utilizadas em meditações, cerimónias espirituais e rituais destinados ao crescimento interior.

Violeta também simboliza sacrifício, transformação e evolução espiritual. Representa a capacidade de ultrapassar provações difíceis para alcançar maior sabedoria e compreensão emocional. Dentro das correntes esotéricas, esta cor está relacionada com a purificação da alma e o processo de deixar ir antigas limitações mentais para aceder a uma consciência superior. Muitas pessoas usam estas velas em tempos de mudança profunda ou quando sentem necessidade de encontrar respostas espirituais importantes.

Desde tempos antigos, o púrpura e o violeta eram cores associadas a reis, sacerdotes e altas hierarquias espirituais. Devido à dificuldade de obter pigmentos violetas nos tempos antigos, esta cor acabou por se tornar um símbolo de autoridade, poder espiritual e conhecimento reservado a pessoas consideradas especiais ou próximas do divino. É por isso que as velas violetas mantêm até hoje uma forte relação com a autoridade espiritual, a sabedoria e a liderança interior.

As velas violetas também ajudam a potenciar manifestações psíquicas e capacidades intuitivas. Acredita-se que fortalecem a perceção espiritual, promovem sonhos reveladores e ajudam a desenvolver a sensibilidade energética. Muitas pessoas utilizam-nos durante práticas de meditação ou introspeção porque a sua energia favorece estados de calma profunda e ligação emocional consigo mesmas.

Outro aspeto importante das velas violetas é a sua relação com a proteção espiritual e o triunfo sobre situações difíceis. Dentro das tradições esotéricas, esta cor simboliza a capacidade de superar obstáculos através da sabedoria e clareza interior, em vez da força física. Representa vitória espiritual, força emocional e evolução pessoal.

Quinta-feira é considerada o dia mais favorável para trabalhar com velas violetas. Este dia é regido por Júpiter, um planeta relacionado com a expansão espiritual, sabedoria e crescimento interior. Na astrologia esotérica, Júpiter simboliza generosidade, conhecimento e a capacidade de compreender as lições profundas da vida. As velas violetas canalizam precisamente essa energia aumentada da evolução e compreensão espiritual.

O início da tarde é considerado o melhor momento para realizar rituais com velas violetas, especialmente durante a "Hora de Júpiter". Nesse período do dia, as energias relacionadas com a reflexão, aprendizagem e espiritualidade são percebidas com maior estabilidade. Muitas tradições acreditam que trabalhar com velas violetas durante estas horas fortalece a ligação com a intuição e favorece estados de meditação profunda.

O metal associado às velas roxas é o estanho. Dentro do simbolismo esotérico, o estanho representa flexibilidade, resistência e ligação. É um metal dúctil que pode ser facilmente combinado com outros metais sem perder estabilidade, uma qualidade que simboliza a adaptação emocional e a capacidade de integrar diferentes aspetos da vida espiritual e material.

O número relacionado com velas violetas é 5, considerado em muitas tradições um número mágico relacionado com inspiração, transformação e poder oculto. Simboliza também a estrela de cinco pontas, uma figura historicamente usada em práticas espirituais e esotéricas. O 5 representa movimento, evolução e abertura a novas formas de consciência.

O óleo essencial e o incenso mais recomendados para acompanhar rituais com velas violetas são o jasmim. O jasmim tem um aroma intenso e profundamente espiritual que ajuda a relaxar a mente e a aumentar a sensibilidade emocional. Muitas tradições aconselham colocar algumas gotas de óleo essencial de jasmim nas mãos antes de iniciar o ritual e queimar incenso do mesmo aroma durante a cerimónia para criar um ambiente de paz, introspeção e ligação espiritual.

O quartzo associado às velas violetas é turquesa, uma pedra considerada um símbolo de proteção, intuição e equilíbrio espiritual. Embora tenha tons azul-esverdeados, o turquesa tem sido usado durante séculos como amuleto de proteção e como ferramenta para fortalecer a perceção espiritual. Dentro das práticas esotéricas, ajuda a equilibrar as emoções, proteger a aura e promover a clareza mental durante os processos de transformação interior.

O planeta dominante das velas violetas é Júpiter, considerado o planeta da sabedoria, expansão e conhecimento superior. Júpiter simboliza crescimento espiritual, otimismo e a capacidade de compreender a vida de uma perspetiva mais ampla. As velas violetas canalizam essa energia elevada de aprendizagem interior e evolução.

Em termos de saúde, as velas roxas estão principalmente relacionadas com o fígado, pâncreas e pele. Simbolicamente, representam processos de purificação e equilíbrio interno. Muitas tradições consideram que ajudam a fortalecer emocionalmente pessoas que estão a passar por situações delicadas e que favorecem processos de recuperação relacionados com dependências emocionais ou dependências. Simbolizam também proteção contra ambientes emocionalmente tóxicos ou situações difíceis.

Astrologicamente, os signos mais relacionados com velas violetas são Sagitário e Peixes. Sagitário representa a busca espiritual, coragem e desejo de compreender verdades superiores, enquanto Peixes simboliza sensibilidade, intuição e profunda ligação emocional ao mundo invisível. Ambos os signos possuem uma forte inclinação para a espiritualidade e empatia, qualidades que harmonizam perfeitamente com a energia elevada e transformadora da violeta.

Para além das crenças esotéricas, as velas violetas continuam a ser símbolos universais de espiritualidade, transformação e busca interior. A sua chama transmite serenidade, mistério e uma sensação de ligação com algo maior do que a realidade quotidiana. Talvez seja por isso que o violeta continua a ser a cor da meditação e das grandes mudanças espirituais: porque representa a capacidade humana de evoluir, curar e encontrar luz mesmo nos momentos mais profundos da alma.

Velas e Dias da Semana

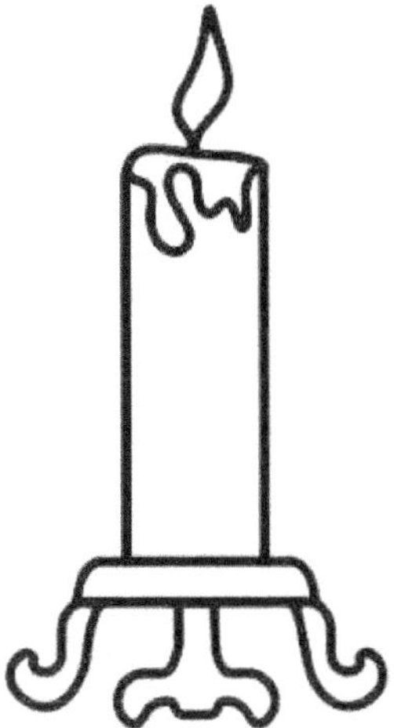

Os dias da semana têm, dentro das tradições esotéricas e astrológicas, uma vibração energética específica relacionada com certas cores, planetas e tipos de rituais. Desde tempos antigos, diferentes culturas observaram que cada dia parecia transmitir uma influência distinta nas emoções, no carácter e nos acontecimentos do quotidiano. Por esta razão, na magia das velas considera-se importante ter em conta o dia em que um ritual é realizado, pois a energia da cor usada pode ser fortalecida quando esta entra em harmonia com a vibração do dia correspondente.

A relação entre cores, dias e planetas faz parte de uma visão espiritual onde todo o universo está ligado através de energias e símbolos. De acordo com estas crenças, realizar um ritual no dia certo ajuda as intenções a fluir mais fortemente e os resultados manifestam-se com menos obstáculos. Isto não significa que um ritual não possa ser realizado noutro momento, mas considera-se que certas combinações energéticas favorecem o sucesso espiritual e emocional da cerimónia.

Segunda-feira está relacionada com o branco. Este dia é regido pela Lua, símbolo de intuição, sensibilidade, maternidade e emoções profundas. As velas brancas usadas às segundas-feiras favorecem rituais de proteção espiritual, limpeza energética, paz interior e renovação emocional. São também ideais para iniciar novas fases, fortalecer a intuição e harmonizar o ambiente doméstico. Segunda-feira simboliza a iniciação e reorganização emocional, sendo por isso especialmente favorável para trabalhos relacionados com o equilíbrio e a tranquilidade.

Terça-feira está associada à cor vermelha. Este dia é governado por Marte, planeta de ação, força, coragem e luta. As velas vermelhas acesas às terças-feiras reforçam rituais relacionados com coragem, proteção, paixão, energia física e superação de obstáculos. São ideais para recuperar a motivação, fortalecer o carácter e enfrentar situações difíceis de forma decisiva. A energia de terça-feira impulsiona o movimento, a determinação e a capacidade de agir sem medo perante os desafios.

Quarta-feira corresponde à cor violeta. Este dia está sob a influência de Mercúrio, um planeta relacionado com a mente, o conhecimento e a comunicação. No entanto, dentro de algumas tradições esotéricas, a violeta usada às quartas-feiras simboliza inspiração espiritual, desenvolvimento psíquico e elevação da consciência. As velas violetas promovem a meditação, a intuição e o crescimento interior. Também ajudam a encontrar clareza emocional e compreensão espiritual em tempos de confusão ou incerteza.

Quinta-feira está relacionada com a cor azul. Este dia é regido por Júpiter, um planeta associado à expansão, sabedoria e proteção. As velas azuis usadas às quintas-feiras fortalecem rituais destinados à harmonia, paz emocional, proteção espiritual e desenvolvimento interior. O azul simboliza serenidade, lealdade e estabilidade emocional, por isso este dia é favorável à reconciliação, ao fortalecimento das relações e à procura de equilíbrio mental e espiritual.

Sexta-feira corresponde à cor verde. Tradicionalmente, a sexta-feira está relacionada com Vénus e as energias do amor, prosperidade e bem-estar material. As velas verdes usadas neste dia realçam rituais relacionados com dinheiro, sorte, abundância e crescimento pessoal. Promovem também a esperança, a estabilidade emocional e a capacidade de abrir novos caminhos profissionais ou económicos. O verde simboliza renovação e expansão, qualidades que harmonizam perfeitamente com a energia venusiana de Sexta-feira.

O sábado está associado à cor preta. Este dia é regido por Saturno, um planeta relacionado com disciplina, proteção, limites e profunda transformação. As velas negras usadas aos sábados são ideais para rituais de limpeza energética, proteção espiritual e remoção da negatividade. Também ajudam a fechar ciclos, quebrar influências prejudiciais e fortalecer o carácter em situações difíceis. Sábado simboliza reflexão, resistência e a capacidade de enfrentar as próprias sombras para evoluir internamente.

Domingo corresponde à cor amarela. Este dia é regido pelo Sol, fonte de vida, energia e vitalidade. As velas amarelas usadas aos domingos favorecem rituais relacionados com o sucesso, clareza mental, otimismo e crescimento pessoal. Também fortalecem a comunicação, a inteligência e a autoconfiança. O amarelo simboliza luz, criatividade e entusiasmo, tornando o domingo um dia ideal para recuperar a motivação e iniciar projetos com energia positiva.

A relação entre cores e dias da semana reflete a antiga necessidade humana de encontrar harmonia entre as forças do universo e a vida quotidiana. Através das velas, as pessoas tentam sincronizar os seus desejos, emoções e rituais com as energias simbólicas de cada dia, procurando maior equilíbrio e ligação espiritual. Para além das crenças esotéricas, esta prática continua viva porque ajuda a criar momentos de reflexão, intenção e esperança no meio das responsabilidades diárias.

Talvez seja por isso que as velas continuam a ocupar um lugar especial em tantas tradições espirituais. Porque a sua luz ilumina não só um espaço físico, mas também o mundo interior daqueles que procuram proteção, clareza, amor, força ou simplesmente um momento de paz perante o ruído constante da vida moderna.

A Relação das Velas com as Fases da Lua

A Lua tem sido considerada desde os tempos antigos um dos símbolos espirituais e energéticos mais importantes dentro das práticas esotéricas, rituais mágicos e cerimónias relacionadas com velas. A sua influência nas emoções, nas marés, nos ciclos naturais e no comportamento humano despertou fascínio em praticamente todas as culturas do mundo. Por esta razão, dentro da magia das velas, as fases lunares desempenham um papel fundamental, pois acredita-se que cada estágio da Lua emite uma vibração diferente capaz de potenciar ou enfraquecer certos tipos de rituais.

As tradições espirituais ensinam que qualquer ritual realizado com velas deve estar em harmonia com a fase lunar adequada. Isto porque a Lua simboliza movimento, transformação e ciclos constantes de crescimento e declínio energético. Assim como as marés respondem à atração lunar, também se considera que as emoções humanas e as energias espirituais são influenciadas pelas suas mudanças de fase.

Cada fase lunar tem características particulares e favorece diferentes tipos de trabalho espiritual. Algumas fases são ideais para atrair prosperidade, amor ou crescimento pessoal, enquanto outras são mais adequadas para eliminar energias negativas, fechar ciclos ou remover obstáculos. Por esta razão, aqueles que praticam rituais à luz de velas geralmente observam cuidadosamente o calendário lunar antes de realizar cerimónias importantes.

Primeiro Quarto

O Primeiro Quarto é o período em que a Lua começa a aumentar gradualmente de tamanho após a Lua Nova até se aproximar da Lua Cheia. Dentro do simbolismo espiritual, esta fase representa crescimento, expansão, desenvolvimento e o nascimento de novas oportunidades. É considerada uma fase de movimento positivo onde as energias começam a fortalecer-se lentamente.

Os rituais realizados durante o Primeiro Trimestre normalmente focam-se em atrair aquilo que se quer desenvolver ou crescer na vida. Por esta razão, é a fase mais adequada para empregos relacionados com o amor, prosperidade, boa sorte, sucesso profissional, fertilidade, crescimento económico e fortalecimento emocional. Muitas pessoas consideram que qualquer intenção positiva semeada nesta fase tem uma maior probabilidade de crescer e manifestar-se ao longo dos dias.

As velas acesas durante esta fase simbolizam esperança e evolução. A sua chama representa a expansão dos desejos e a possibilidade de abrir novos caminhos. É também uma altura muito favorável para iniciar projetos importantes, reconciliações sentimentais e rituais destinados a recuperar a motivação ou a fortalecer relações emocionais.

Dentro das tradições esotéricas, o Crescente está também associado à energia, otimismo e confiança no futuro. Muitas pessoas sentem durante esta fase uma necessidade maior de agir, avançar e construir novos objetivos. Por isso, as cerimónias realizadas neste período normalmente focam-se no crescimento e na manifestação positiva.

Lua Cheia

A Lua Cheia é considerada a fase mais poderosa e energética de todo o ciclo lunar. Durante este período, a Lua atinge a sua luminosidade máxima e simboliza realização, intensidade emocional, fertilidade e expansão espiritual. Desde tempos antigos, as civilizações associavam a Lua Cheia à magia, intuição e ao aumento das capacidades psíquicas.

Dentro da magia das velas, a Lua Cheia é especialmente favorável para rituais relacionados com fertilidade, amor, adivinhação, intuição e desenvolvimento espiritual. Muitas pessoas acreditam que, durante esta fase, a perceção extrassensorial é mais ativa e que as emoções humanas se intensificam consideravelmente. Por esta razão, é comum usar velas brancas, violetas, prateadas ou azuis durante cerimónias de meditação, sonhos premonitórios e a procura de respostas espirituais.

A energia da Lua Cheia também favorece rituais de abundância e prosperidade porque representa a culminação e a máxima expansão. Tudo o que foi trabalhado durante o Primeiro Trimestre atinge o seu ponto mais forte sob a influência desta fase lunar.

No entanto, devido à intensidade emocional da Lua Cheia, muitas tradições aconselham agir com equilíbrio e prudência nestes dias. As emoções são geralmente mais sensíveis e as pessoas podem reagir de forma mais impulsiva ou apaixonada. Precisamente por esta razão, a Lua Cheia é vista como um momento ideal para canalizar emoções através de rituais, meditações e práticas espirituais.

Último Quarto

O Último Quarto começa quando a Lua Cheia começa a diminuir gradualmente de tamanho até se aproximar novamente da fase da Lua Nova. Dentro do simbolismo espiritual, esta fase representa ciclos de encerramento, eliminação, purificação e libertação. Assim como a luz da lua diminui lentamente, também se considera que durante esta fase as energias ajudam a libertar aquilo que já não é útil ou benéfico.

Os rituais realizados durante a Lua Minguante normalmente concentram-se em afastar negatividades, quebrar bloqueios, encerrar relações prejudiciais ou eliminar influências nocivas. Esta é considerada a fase mais adequada para trabalhos de limpeza espiritual, proteção energética e neutralização de energias negativas. Muitas tradições também a consideram favorável para combater efeitos ligados à inveja, conflitos ou práticas de magia negra.

Velas pretas, cinzentas e brancas são frequentemente usadas nesta fase devido ao seu simbolismo purificador e protetor. A energia do Último Quarto ajuda a fechar portas emocionais, remover obstáculos e libertar fardos acumulados tanto no plano emocional como espiritual.

Para além da sua relação com a purificação energética, esta fase lunar simboliza também a introspeção e a reflexão. Muitas pessoas sentem a necessidade de descansar emocionalmente, reorganizar os pensamentos e deixar ir situações que geram exaustão ou sofrimento. Por isso, é um período ideal para meditação e processos de cura interior.

Lua Nova ou Lua Negra

A Lua Nova, também chamada de Lua Negra, é a fase em que a Lua é completamente invisível da Terra. Dentro das tradições esotéricas, este período simboliza o vazio, o silêncio, a escuridão e a pausa energética. Devido à ausência de luz visível da lua, muitas correntes espirituais consideram inconveniente realizar rituais importantes nesta fase.

A Lua Nova representa um tempo de quietude e transição entre ciclos. É visto como um período em que as energias permanecem instáveis ou demasiado fracas para realçar devidamente os rituais. Por esta razão, muitas tradições aconselham usar estes dias apenas para descansar, meditar ou preparar-se espiritualmente para o novo ciclo que começará com o Primeiro Trimestre.

Algumas correntes esotéricas consideram que durante a Lua Negra as emoções podem parecer mais confusas ou introspetivas, uma vez que a ausência de luz simboliza uma fase de recordação interior. Embora rituais importantes sejam geralmente evitados, muitas pessoas aproveitam este tempo para refletir sobre os seus desejos, analisar as suas emoções e libertar pensamentos negativos antes de iniciar um novo ciclo lunar.

A relação entre as velas e as fases da Lua reflete a antiga necessidade humana de sincronizar a vida espiritual com os ritmos da natureza. Desde tempos antigos, as pessoas observam como a Lua parece influenciar o comportamento humano, as colheitas, as marés e os estados emocionais. Através de velas, tentaram canalizar essa energia lunar para atrair proteção, amor, prosperidade e equilíbrio interior.

Para além das crenças esotéricas, as fases lunares continuam a despertar fascínio porque representam algo profundamente humano: a ideia de que tudo na vida passa por ciclos de crescimento, realização, transformação e renascimento. Tal como a Lua está constantemente a mudar no céu, também as emoções, sonhos e experiências humanas evoluem ao longo do tempo. Talvez seja por isso que a união entre as velas e a Lua continua a ser um dos símbolos mais antigos e misteriosos da espiritualidade.

Velas e a sua Relação com o Quartzo

O quartzo, para além da sua beleza ornamental e do seu uso em joalharia, ocupou um lugar importante em cerimónias espirituais, rituais mágicos e práticas esotéricas desde tempos antigos. Civilizações antigas como os egípcios, gregos, romanos, maias e orientais atribuíam às pedras propriedades energéticas especiais capazes de influenciar as emoções, a saúde, a proteção espiritual e a sorte das pessoas. Dentro das tradições esotéricas, o quartzo é considerado elementos capazes de canalizar, armazenar e transmitir energia, ajudando a aumentar a força dos rituais e a criar equilíbrio entre corpo, mente e espírito.

Muitas correntes espirituais acreditam que cada quartzo possui uma vibração específica relacionada com certos estados emocionais, planetas, cores e objetivos espirituais. Por esta razão, o quartzo é frequentemente combinado com velas, incenso e rituais, dependendo do propósito a alcançar. Algumas pedras simbolizam proteção, outras prosperidade, amor, intuição ou força emocional. Ao longo dos séculos, estas crenças foram transmitidas de geração em geração até se tornarem uma parte importante do simbolismo espiritual moderno.

A ágata é considerada um quartzo relacionado com a sorte e a proteção pessoal. É tradicionalmente usado como amuleto para proteger contra conflitos, ameaças e energias negativas. Nas práticas espirituais, simboliza estabilidade emocional e equilíbrio interior. Também lhe são atribuídas propriedades relacionadas com a força mental e a capacidade de enfrentar situações difíceis com serenidade. No campo terapêutico popular, era anteriormente utilizado para aliviar dores de cabeça, enxaquecas, desconfortos estomacais e outras doenças físicas.

A água-marinha, com a sua característica cor azul transparente, tem sido historicamente associada ao mar, tranquilidade e proteção durante a viagem. Muitas culturas acreditavam que protegia os navegadores e afastava perigos relacionados com a água. Espiritualmente, simboliza calma emocional, clareza mental e paz interior. Está também relacionado com a comunicação sincera e a libertação de emoções reprimidas.

Dentro das crenças tradicionais, era usado para aliviar a depressão, a insónia e os distúrbios nervosos.

O âmbar, embora tecnicamente seja uma resina fossilizada e não um mineral puro, tem sido usado durante séculos como amuleto da sorte e proteção. A sua cor dourada e quente simboliza vitalidade, prosperidade e energia solar. Muitas tradições consideravam que o âmbar ajudava a estabilizar o corpo e a absorver energias negativas. Foi também amplamente utilizado em tratamentos relacionados com problemas respiratórios e doenças pulmonares.

O jato, de cor preta intensa e origem fóssil, é um dos amuletos protetores mais conhecidos dentro do esoterismo. Desde tempos antigos, tem sido usado para afastar espíritos malignos, proteger contra a inveja e neutralizar energias negativas. A sua energia simboliza absorção e defesa espiritual. Muitas culturas consideravam-no especialmente poderoso na proteção de crianças e viajantes.

O coral, valorizado pelos seus tons vermelhos e rosas, tem sido usado tanto como ornamento como talismã protetor. Dentro das tradições antigas, simbolizava vitalidade, fertilidade e proteção emocional. Acreditava-se que reforçava a energia física e ajudava a equilibrar emoções intensas. Também foi associado a tratamentos populares para alergias, problemas respiratórios e fraqueza física.

O diamante representa pureza, força e perfeição espiritual. Devido à sua extrema dureza e brilho, tem sido considerado durante séculos o quartzo mais precioso. Dentro do simbolismo espiritual, o diamante representa clareza mental, sabedoria e a capacidade de focar corretamente a energia. Como amuleto, acredita-se que fortalece a vontade e protege contra influências negativas.

A esmeralda, com uma cor verde intensa, simboliza sabedoria, espiritualidade e renovação emocional. Nos tempos antigos, era considerada uma pedra profundamente mística relacionada com o conhecimento oculto e a proteção espiritual. Muitas tradições acreditavam que ajudava a combater a tristeza e a fortalecer o sistema emocional. Simboliza também o crescimento pessoal, a prosperidade e a evolução interior.

Granada, especialmente na sua variedade vermelha, representa força, vitalidade e resiliência emocional. Desde tempos antigos era usado como amuleto protetor contra pesadelos e energias negativas. A sua energia está relacionada com paixão, coragem e resiliência. No simbolismo espiritual, a granada ajuda a despertar a motivação e a força interior.

O jade é uma das pedras mais valorizadas nas culturas orientais. Simboliza persistência, equilíbrio e serenidade emocional. A sua energia transmite estabilidade e harmonia interior, ajudando a aliviar a ansiedade e as tensões emocionais. Durante séculos, foi considerado um símbolo de sabedoria, longevidade e boa sorte.

O lápis-lazúli, de um azul intenso, é conhecido como a pedra da comunicação e da sabedoria interior. Desde as civilizações antigas, estava associada ao conhecimento espiritual, à intuição e à capacidade de expressar pensamentos de forma clara. Muitas tradições acreditam que fortalece a mente e ajuda a desenvolver a perceção espiritual e o equilíbrio emocional.

A malaquita, com os seus tons escuros de verde, simboliza purificação e transformação emocional. Nos tempos antigos, era usado para purificar o sangue e eliminar energias negativas acumuladas. A sua energia está relacionada com a cura emocional e a libertação de tensões internas. Representa também proteção contra ambientes emocionalmente pesados.

O ônix é considerado um dos quartzos protetores mais poderosos. A sua energia simboliza força, autocontrolo e resiliência emocional. Muitas pessoas usam-no como amuleto para se protegerem de infortúnios, medo ou influências negativas. Representa também estabilidade mental e a capacidade de manter a posição em tempos difíceis.

A opala é uma pedra rodeada de mistério e contradições. Algumas civilizações consideravam-no um símbolo de boa sorte e proteção espiritual, enquanto outras achavam que trazia desgraça. A sua aparência vibrante e mutável simboliza emoções profundas, sensibilidade e transformação constante. Dentro das tradições esotéricas, representa intuição e uma intensa ligação emocional.

O rubi, com a sua cor vermelha intensa, simboliza paixão, vitalidade e energia física. Desde tempos antigos era considerado um amuleto capaz de fortalecer o coração e aumentar a força interior. A sua energia representa coragem, desejo de viver e a capacidade de enfrentar desafios com intensidade emocional.

Tradicionalmente, o topázio tem sido usado como pedra de proteção contra ataques espirituais e energias negativas. A sua energia transmite tranquilidade, clareza mental e equilíbrio emocional. Muitas pessoas relacionam isto com a calma interior e a capacidade de aliviar tensões nervosas ou stress emocional.

Turquesa simboliza boa sorte, proteção e equilíbrio espiritual. Desde culturas antigas, era usado como talismã de proteção para viajantes e pessoas expostas a perigos. A sua energia transmite serenidade, clareza emocional e estabilidade interior. Está também relacionado com a intuição e a comunicação espiritual.

A safira, especialmente no seu tom azulado, representa sabedoria, prosperidade e proteção espiritual. Durante séculos foi considerado um símbolo de felicidade, nobreza e evolução interior. A sua energia está associada à clareza mental, serenidade e à capacidade de encontrar equilíbrio emocional mesmo em situações difíceis.

Para além das crenças espirituais ou esotéricas, o quartzo continua a despertar fascínio porque representa o antigo desejo humano de encontrar proteção, equilíbrio e significado dentro da natureza. As suas cores, formas e simbolismo acompanharam rituais, cerimónias e tradições durante milhares de anos, tornando-se símbolos de esperança, força e ligação a algo mais profundo do que o mundo material.

A relação dos signos do zodíaco com as cores das velas

Dentro das tradições esotéricas e astrológicas, cada signo do zodíaco está associado a certas cores que harmonizam com a sua energia, personalidade e vibração espiritual. Estas correspondências entre signos e cores surgiram de observações simbólicas antigas onde astrologia, magia e espiritualidade se juntavam para interpretar a influência dos planetas na vida humana. Por esta razão, ao realizar rituais à luz de velas, considera-se importante usar cores que estejam em sintonia com o signo do zodíaco envolvido, seja o da pessoa que realiza o ritual ou o signo sob cuja energia se deseja trabalhar.

De acordo com estas crenças, quando uma vela tem a cor relacionada com o signo do zodíaco correspondente, o ritual adquire maior força e harmonia energética. Isto acontece porque a cor atua como um canal vibratório capaz de realçar as qualidades naturais do signo e facilitar a ligação com as suas energias dominantes. Cada signo possui características emocionais, mentais e espirituais particulares, e as cores ajudam a reforçar essas características durante cerimónias e trabalhos espirituais.

Aries – Vermelho

Aries é representado pela cor vermelha, símbolo de força, paixão, coragem e ação. Governado por Marte, aries é um signo impulsivo e combativo, cheio de energia vital. Velas vermelhas aumentam a coragem, a determinação e o desejo de avançar sem medo perante obstáculos. Representam perfeitamente a intensidade emocional e o espírito combativo característicos deste signo.

Touro – Verde

Touro está relacionado com a cor verde, símbolo de estabilidade, prosperidade, crescimento e ligação com a natureza. Este signo, regido por Vénus, procura segurança emocional e material. As velas verdes harmonizam-se com a sua necessidade de equilíbrio, bem-estar económico e tranquilidade. Representam também fertilidade, abundância e a capacidade de construir relações fortes e duradouras.

Gémeos – Amarelo / Prata

Gémeos está associado ao amarelo e prateado. O amarelo representa inteligência, comunicação e rapidez mental, qualidades fundamentais deste signo regido por Mercúrio. A prata, por outro lado, simboliza intuição, versatilidade e sensibilidade mental. Velas nestas cores promovem a aprendizagem, a criatividade e a capacidade de Gémeos de se adaptar constantemente a novas situações.

Caranguejo – Branco

O cancro está associado à cor branca, símbolo de pureza, sensibilidade e proteção emocional. Regido pela Lua, este signo tem uma ligação profunda com o lar, a família e as emoções. As velas brancas fortalecem a intuição, a paz interior e a necessidade canceriana de proteger aqueles que amamos. Simbolizam também a maternidade, espiritualidade e segurança emocional.

Leão – Amarelo / Dourado

Leão está relacionado com as cores amarelo e dourado, ambas associadas ao Sol, o planeta regente deste signo. O amarelo representa criatividade, entusiasmo e vitalidade, enquanto o dourado simboliza poder, liderança e magnificência. Velas nestas cores fortalecem a autoestima, carisma e capacidade de se destacar naturalmente que caracterizam Leo.

Virgem – Cinzento

Virgem é representada pela cor cinzenta, um símbolo de análise, ordem e equilíbrio mental. Este signo, regido por Mercúrio, tem uma natureza prática e perfeccionista. As velas cinzentas ajudam a fortalecer a concentração, a clareza de pensamento e as competências organizacionais. Representam também prudência, estabilidade emocional e controlo racional perante as dificuldades.

Balança – Azul / Violeta

Balança está relacionada com o azul e o violeta, cores associadas à harmonia, equilíbrio e sensibilidade espiritual. O azul simboliza a paz emocional e a necessidade de relações equilibradas, enquanto o violeta representa a beleza interior, a intuição e a evolução espiritual. Velas destas cores harmonizam com a natureza diplomática e artística de Balança, um signo regido por Vénus.

Escorpião – Preto / Vermelho

Escorpião está associado ao preto e vermelho, cores intensas que refletem perfeitamente a profundidade emocional e o poder transformador deste signo. O preto simboliza mistério, transformação e proteção espiritual, enquanto o vermelho representa paixão, força e desejo. Velas pretas e vermelhas fortalecem o magnetismo, a intensidade emocional e a capacidade de renascer após crises, características típicas de Escorpião.

Sagitário – Azul-Escuro / Violeta

Sagitário está relacionado com o azul-escuro e o violeta, cores ligadas à sabedoria, expansão espiritual e busca pelo conhecimento. O azul-escuro simboliza profundidade mental e evolução interior, enquanto o violeta representa a espiritualidade e a ligação com planos superiores. Velas destas cores fortalecem a intuição, o otimismo e o desejo sagitariano de descobrir novas verdades e experiências.

Capricórnio – Castanho-Escuro

Capricórnio é representado pelo castanho-escuro, símbolo de disciplina, estabilidade e força interior. Este signo, regido por Saturno, é caracterizado pela sua perseverança, responsabilidade e capacidade de construir lentamente objetivos sólidos. As velas castanho-escuras fortalecem o carácter, o foco e a resiliência emocional necessários para alcançar objetivos importantes.

Aquário – Azul-Claro

Aquário está relacionado com o azul-claro, uma cor associada à liberdade mental, criatividade e visão de futuro. Este sinal simboliza inovação, originalidade e busca constante por novas ideias. As velas azul-claro fortalecem a intuição, a sensibilidade emocional e a capacidade de compreender diferentes perspetivas. Representam também esperança e renovação espiritual.

Peixes – Azul-Esverdeado

Peixes está ligado ao azul-esverdeado, uma cor profundamente ligada à sensibilidade, espiritualidade e ligação emocional. Este tom simboliza as águas profundas da intuição e do mundo emocional. As velas azul-esverdeadas ajudam a fortalecer a empatia, a imaginação e a perceção espiritual. Representam a natureza sonhadora, compassiva e mística característica de Peixes.

A relação entre signos do zodíaco e cores reflete a antiga ideia de que cada pessoa tem uma energia única ligada a certas vibrações do universo. Através das velas, os rituais procuram harmonizar estas energias e realçar as qualidades naturais de cada signo. Para além das crenças esotéricas, estes símbolos continuam a fascinar porque permitem às pessoas encontrar significado, identidade e ligação espiritual nos ciclos da vida e do cosmos.

Velas como Ferramentas de Proteção

Desde tempos antigos, as velas não eram apenas usadas como instrumentos de iluminação, mas também como símbolos espirituais e ferramentas de proteção contra forças negativas, perigos invisíveis e energias consideradas nocivas. Praticamente todas as civilizações desenvolveram algum tipo de crença relacionada com o poder protetor do fogo e da luz. A chama de uma vela representava esperança no meio da escuridão, refúgio do medo e uma ligação espiritual entre o mundo humano e as forças invisíveis do universo.

Em muitas culturas antigas, a escuridão simbolizava incerteza, perigo e a presença de energias malignas. Por esta razão, acender uma vela tornou-se um ato carregado de significado espiritual. A luz era vista como uma força capaz de afastar espíritos negativos, proteger casas e purificar ambientes carregados de tensões emocionais ou más vibrações. Com o tempo, as velas começaram a ocupar um lugar essencial nos rituais religiosos, cerimónias espirituais e práticas esotéricas relacionadas com a proteção e purificação.

As velas continuam a manter uma forte carga simbólica até hoje graças ao poder de concentração e intenção de quem as utiliza. Nas práticas espirituais modernas, muitas pessoas acreditam que a energia mental e emocional projetada durante um ritual influencia diretamente a força simbólica da vela. Portanto, para além da vela enquanto objeto físico, o que importa é a intenção espiritual, a fé e a concentração da pessoa que realiza a cerimónia.

Nos rituais de magia negra e nas práticas das trevas, as velas eram historicamente usadas juntamente com outros elementos simbólicos para realizar feitiços, feitiçarias, maldições, feitiços e trabalhos relacionados com manipulação de energia negativa. Dentro destas crenças, certas cores e símbolos eram usados para invocar forças consideradas perigosas ou destrutivas. O fogo da vela atuava como um canal simbólico capaz de direcionar a intenção emocional e espiritual do ritual.

No entanto, as velas também têm sido usadas há séculos como ferramentas de defesa contra esses mesmos tipos de energias negativas. Muitas tradições populares ensinam que acender certas velas dentro de casa ajuda a proteger as pessoas da inveja, conflitos, más intenções e ambientes emocionalmente intensos. Por esta razão, as velas brancas, pretas, cinzentas e violetas ocupam geralmente um lugar importante nos rituais de purificação e proteção espiritual.

Dentro da magia branca, as velas representam luz, esperança e harmonia. São usados para realizar invocações positivas, rituais de amor, proteção familiar, prosperidade, fertilidade, saúde e fortalecimento espiritual. Muitas pessoas acreditam que a chama de uma vela pode atuar como uma ponte simbólica entre o mundo físico e as energias espirituais, ajudando a canalizar desejos, orações e pedidos.

As velas brancas são consideradas especialmente poderosas para proteção espiritual. A sua luz simboliza pureza, paz e a presença de energias positivas. Muitas tradições aconselham acender velas brancas em tempos difíceis, doenças ou conflitos familiares, com a intenção de harmonizar o ambiente e fortalecer emocionalmente as pessoas envolvidas. Também são usados para limpar espaços carregados de tensão emocional ou tristeza.

As velas pretas, embora frequentemente mal interpretadas, são frequentemente usadas como ferramentas de proteção. Dentro de inúmeras correntes esotéricas, o preto simboliza a absorção da negatividade e a capacidade de neutralizar energias nocivas. Por isso, acender uma vela preta durante rituais de purificação simboliza a recolha e eliminação de influências negativas do ambiente.

As velas violetas e prateadas, por outro lado, estão relacionadas com a proteção espiritual, intuição e ligação a planos superiores de consciência. Muitas pessoas utilizam-nas durante meditações ou rituais destinados a fortalecer a perceção espiritual, receber orientação emocional ou procurar paz interior em situações difíceis.

Ao longo da história, também existiram inúmeras crenças populares relacionadas com a proteção da casa com velas. Em algumas culturas, era costume acender uma vela branca perto de portas ou janelas para evitar a entrada de más energias. Outras tradições recomendavam colocar velas durante tempestades, funerais ou momentos de doença como símbolo de proteção espiritual e acompanhamento emocional.

As cerimónias religiosas em muitas culturas também incorporavam velas como representação da fé e da proteção divina. Em templos, igrejas e altares, as velas simbolizam presença espiritual, orientação e esperança. A pequena chama de uma vela representa a resistência da luz perante a escuridão, uma ideia profundamente enraizada na espiritualidade humana há milhares de anos.

Sonhos premonitórios e o desenvolvimento de habilidades psíquicas também têm sido historicamente relacionados com o uso ritual de velas. Muitas tradições acreditam que certas combinações de cores, aromas e intenções ajudam a fortalecer a intuição, a sensibilidade espiritual e a perceção emocional. Por esta razão, velas azuis, violetas e prateadas são frequentemente usadas durante meditações e cerimónias destinadas a despertar a consciência espiritual.

Para além das crenças esotéricas, as velas continuam a ser símbolos universais de proteção, esperança e paz emocional. Acender uma vela continua a ser, para muitas pessoas, um ato profundamente íntimo e significativo. A luz ténue da chama gera tranquilidade, ajuda a concentrar os pensamentos e transmite uma sensação de refúgio emocional das preocupações do quotidiano.

Talvez seja por isso que as velas nunca desapareceram verdadeiramente da experiência humana. Apesar do avanço da tecnologia e da iluminação moderna, as pessoas continuam a acendê-las em momentos importantes, celebrações, orações, meditações ou situações difíceis. Porque, no fundo, a chama de uma vela ainda representa algo profundamente humano: a necessidade de encontrar luz, proteção e esperança mesmo no meio da escuridão.

Preparação Espiritual e Correto Uso das Velas em Rituais

Ao realizar um ritual mágico com velas, é importante perceber que não se trata apenas de acender uma chama e formular desejos improvisados. Dentro das tradições esotéricas, o ritual à luz de velas é considerado um ato espiritual e energético que requer preparação, concentração e respeito. As velas são vistas como ferramentas capazes de canalizar intenções, emoções e forças simbólicas, por isso devem ser usadas de forma séria e responsável.

Muitas pessoas acreditam erradamente que basta escolher uma vela da cor desejada, acendê-la rapidamente e encomendar qualquer coisa sem preparação prévia. No entanto, dentro das práticas espirituais tradicionais, o verdadeiro poder do ritual depende em grande parte do estado mental, emocional e energético do executante. O ritual não funciona apenas por causa da vela em si, mas pela intenção, concentração e ligação espiritual da pessoa que participa na cerimónia.

Acender uma vela para um ritual representa simbolicamente o início de uma obra espiritual. A chama atua como uma ponte entre o pensamento humano e as forças invisíveis que muitas tradições consideram presentes no universo. Por esta razão, a pessoa que realiza o ritual deve estar emocionalmente preparada, calma e focada no objetivo que pretende alcançar.

A preparação prévia é essencial para obter os máximos benefícios espirituais e emocionais do ritual. Não é recomendado realizar cerimónias em estados de extremo desespero, raiva, medo ou exaustão mental, pois estas emoções interferem com a concentração e enfraquecem a intenção espiritual. A serenidade e a clareza emocional permitem que a energia do ritual flua de forma mais harmoniosa.

Um dos primeiros passos importantes antes de iniciar qualquer ritual à luz de velas é a unção. A unção envolve impregnar a vela com óleos essenciais específicos antes de a acender. Dentro do simbolismo esotérico, esta prática visa aumentar a energia da vela e reforçar a intenção espiritual do ritual. Os óleos atuam simbolicamente como veículos energéticos que impregnam a vela com certas vibrações relacionadas com o amor, prosperidade, proteção, harmonia ou purificação espiritual.

A unção deve ser realizada cuidadosamente em toda a superfície da vela. Muitas tradições consideram que este processo fortalece a ligação entre a intenção da pessoa e a energia do ritual. Acredita-se também que a unção adquire maior força durante a Lua Cheia, uma fase lunar relacionada com a expansão de energia, intuição e aumento da perceção espiritual. Por esta razão, muitas correntes esotéricas recomendam preparar velas durante esta fase lunar para potenciar os seus efeitos simbólicos.

Não existe um óleo ideal único para ungir uma vela. A escolha dependerá da cor da vela, do propósito do ritual e da hora em que será realizado. Por exemplo, alguns óleos estão associados ao amor e à harmonia, enquanto outros simbolizam limpeza, proteção, prosperidade ou força emocional. Para além do simbolismo energético, o aroma do óleo também influencia a atmosfera emocional do ritual, pois, quando a vela é acesa, a fragrância dispersa-se pelo espaço, criando uma atmosfera específica.

Outro dos trabalhos espirituais tradicionalmente realizados antes de acender a vela é o chamado "vestir a vela". Esta prática consiste em escrever na vela ou num pedaço de papel o desejo, nome ou pedido relacionado com o ritual. Segundo crenças esotéricas, este ato ajuda a reforçar a intenção e a direcionar a energia espiritual de forma mais precisa para o objetivo desejado.

Existem diferentes formas de realizar este procedimento. Algumas pessoas preferem escrever diretamente na vela usando uma agulha fina ou uma caneta de pássaro, enquanto outras escrevem a petição numa folha de papel que depois colocam perto da vela. Ambas as formas são consideradas válidas dentro das tradições espirituais.

Ao escrever diretamente na vela, recomenda-se primeiro aquecê-la suavemente com as mãos. Este gesto simboliza a transmissão de energia pessoal ao ritual e o estabelecimento de uma ligação entre a pessoa e a vela. Depois, usando a ponta de uma agulha ou caneta, escreva cuidadosamente o nome, palavra ou frase relacionada com a intenção do trabalho espiritual.

O ato de acender a vela também tem um significado simbólico profundo. Dentro das práticas esotéricas, acender uma vela representa a mobilização de forças espirituais e a ativação de energias relacionadas com o propósito do ritual. A chama simboliza transformação, iluminação e ligação entre o pensamento humano e as forças invisíveis do universo.

Por causa deste simbolismo, muitas tradições aconselham evitar elementos artificiais ou excessivamente tecnológicos para acender velas rituais. Considera-se mais apropriado usar fósforos ou fósforos de madeira porque representam elementos naturais e uma ligação mais pura com o fogo. Também é comum acender uma vela com a chama de outra vela, um gesto que simboliza a transmissão de energia espiritual e a continuidade da luz.

Apagar a vela também é considerado um momento importante no ritual. Segundo estas crenças, extinguir a chama simboliza o encerramento de um processo energético e o fim da ligação espiritual estabelecida durante a cerimónia. Por esta razão, deve ser feito com cuidado e respeito.

Muitas tradições desaconselham apagar a vela com dedos molhados ou movimentos bruscos. Soprar suavemente enquanto protege a chama com a mão ajuda a evitar que a cera líquida se derrame de forma suja. Acredita-se que um derrame excessivo ou acidental de cera pode alterar simbolicamente a harmonia do ritual e afetar o seu resultado energético.

O estado físico, emocional e mental da pessoa que realiza o ritual é outro aspeto considerado fundamental. Os rituais exigem concentração, atenção e estabilidade emocional. Por esta razão, muitas tradições recomendam que a pessoa esteja descansada, calma e emocionalmente equilibrada antes de iniciar qualquer cerimónia espiritual.

Também é considerado importante que a pessoa que realiza o ritual tenha responsabilidade pelas suas ações e confiança no que está a fazer. Dentro do simbolismo esotérico, a dúvida constante, a falta de fé ou o cansaço emocional enfraquecem a força do ritual. A energia mental e emocional da pessoa atua como uma parte essencial do processo simbólico e espiritual.

O relaxamento e a concentração ajudam a criar um ambiente interior adequado para canalizar corretamente as intenções. Muitas pessoas realizam meditações, respirações profundas ou momentos de silêncio antes de iniciar o ritual precisamente para alcançar um estado de calma e clareza emocional.

Para além das crenças espirituais ou mágicas, todos estes procedimentos refletem algo profundamente humano: a necessidade de criar momentos de intenção, reflexão e ligação emocional com os próprios desejos e pensamentos. Os rituais à luz de velas obrigam-no a parar, concentrar-se e dar importância simbólica ao que realmente quer transformar ou atrair na vida.

Talvez seja por isso que as velas continuaram a ser usadas durante milhares de anos em cerimónias espirituais, religiosas e pessoais. Porque a chama de uma vela não ilumina apenas um espaço físico, mas também o mundo interior daqueles que procuram esperança, proteção, força ou clareza perante os mistérios da vida.

Responsabilidade e Preparação em Rituais à Luz de Velas

Os rituais à luz de velas nunca devem ser encarados como um jogo ou como uma solução mágica capaz de resolver automaticamente todos os problemas da vida. Dentro das tradições esotéricas, as velas são consideradas ferramentas espirituais que ajudam a focar a intenção, fortalecer a concentração e criar um ambiente simbólico propício à reflexão e ao trabalho interior. No entanto, nenhuma vela isolada pode transformar a realidade se a pessoa não agir conscientemente para resolver as suas dificuldades e avançar em direção aos seus objetivos.

Muitas pessoas cometem o erro de recorrer constantemente a rituais sempre que surge um problema, esperando que a magia faça todo o trabalho enquanto elas permanecem imóveis. Esta dependência emocional dos rituais pode acabar por enfraquecer a vontade pessoal e afastar a pessoa da sua própria capacidade de agir e tomar decisões responsáveis. Nas correntes espirituais mais sérias, a magia não substitui o esforço humano, mas acompanha-o e fortalece-o.

A energia de um ritual funciona simbolicamente como um impulso espiritual e emocional para aqueles que realmente se esforçam para alcançar os seus objetivos. A vela representa apoio, foco e direção de intenção, mas a verdadeira mudança também exige ações concretas, disciplina e responsabilidade pessoal. É por isso que muitas tradições ensinam que a magia ajuda principalmente aqueles que trabalham ativamente para transformar as suas vidas e não apenas aqueles que esperam resultados sem esforço.

Antes de realizar qualquer ritual, é importante refletir profundamente sobre o verdadeiro motivo que o leva a fazê-lo. Não é recomendado acender velas impulsivamente ou por simples curiosidade emocional. O ritual deve surgir de uma necessidade autêntica e não de caprichos passageiros, obsessões ou desejos egoístas. A clareza emocional e mental é essencial para que a cerimónia tenha coerência simbólica e espiritual.

Por esta razão, antes de iniciar um ritual, a pessoa deve perguntar-se o que realmente deseja, por que quer alcançá-lo e qual é o propósito espiritual ou emocional do seu pedido. Deve também definir claramente quem será o destinatário ou beneficiário da obra espiritual. Dentro das tradições esotéricas, a intenção confusa ou contraditória enfraquece a força do ritual e pode gerar resultados opostos aos esperados.

Muitas correntes espirituais consideram o consentimento das pessoas envolvidas no ritual especialmente importante. Se o trabalho espiritual tem como objetivo beneficiar diretamente outra pessoa, acredita-se que o ideal é ter a sua aceitação ou pelo menos agir com intenções sinceramente positivas e respeitosas. Tentar manipular emocionalmente a vontade de outras pessoas através de rituais é visto por muitas tradições como uma prática desequilibrada que pode gerar consequências negativas para quem a realiza.

Por isso, ensina-se que os rituais não devem ser usados para controlar, obsessa ou prejudicar os outros. Quando a intenção nasce do egoísmo, manipulação ou do desejo de dominar alguém emocionalmente, o trabalho espiritual perde harmonia e afasta-se dos princípios de equilíbrio e responsabilidade que muitas práticas esotéricas consideram fundamentais.

Para além de definir objetivos e intenções, é importante escolher cuidadosamente o local onde o ritual será realizado. O espaço físico tem uma influência considerável no estado emocional e mental de uma pessoa. Um ambiente calmo, privado e ordenado facilita a concentração e permite que a cerimónia decorra com maior serenidade e foco espiritual.

As tradições esotéricas recomendam usar um local onde haja privacidade e onde as interrupções sejam mínimas. O silêncio e a tranquilidade ajudam a pessoa a manter a estabilidade emocional e a focar-se no propósito do ritual. Muitas pessoas preferem realizar as suas cerimónias em salas ou cantos específicos dedicados exclusivamente a atividades espirituais e meditativas.

Dentro destas práticas, é também comum preparar um pequeno altar. Embora não seja considerado um elemento obrigatório, o altar simboliza dedicação e respeito pelo ritual. Funciona como um espaço sagrado onde os elementos usados durante a cerimónia se concentram e onde a pessoa pode focar visualmente os seus pensamentos e emoções.

O altar pode ser simples. Tradicionalmente, utiliza-se uma mesa coberta com um pano branco reservado apenas para o trabalho espiritual. O branco simboliza pureza, proteção e clareza emocional. Velas, quartzo, óleos essenciais, plantas, incenso e qualquer outro elemento relacionado com o propósito do ritual são normalmente colocados neste espaço.

A preparação do altar também ajuda psicologicamente a criar um ambiente diferente da rotina diária. O simples ato de organizar cuidadosamente os objetos e preparar o espaço promove a concentração, a calma mental e a prontidão emocional para o trabalho espiritual.

Outro aspeto importante dentro dos rituais é respeitar o dia e hora mais adequados, de acordo com o objetivo da cerimónia. Muitas tradições consideram que certos dias da semana e certas alturas têm vibrações energéticas que são mais favoráveis para assuntos relacionados com amor, proteção, prosperidade ou limpeza espiritual. A combinação certa da cor da vela, fase da lua, dia e elementos usados simbolicamente ajuda a fortalecer o ritual.

Também é recomendado usar uma vela diferente para cada obra espiritual. Uma vela destinada a um ritual específico não deve ser reutilizada posteriormente para outro propósito. Isto porque, dentro do simbolismo esotérico, cada vela absorve e concentra a energia particular, a intenção e o objetivo do ritual em que participa. Reutilizá-lo para um propósito diferente pode levar a confusão energética ou enfraquecer o significado simbólico do trabalho espiritual.

O respeito pelas velas e pelo ritual em geral é uma parte essencial destas práticas. Para além das crenças mágicas, os rituais também funcionam como atos psicológicos de concentração, reflexão e ligação emocional com os desejos e pensamentos de cada um. Preparar cuidadosamente o espaço, definir objetivos claros e agir de forma responsável ajuda a pessoa a tomar consciência do que realmente quer transformar na sua vida.

A magia das velas, compreendida de uma perspetiva espiritual e simbólica, não é apenas esperar por milagres, mas fortalecer a vontade, focar a mente e criar momentos de profunda ligação interior. A vela ilumina o espaço físico, mas também simboliza a necessidade humana de encontrar clareza, esperança e direção perante as dificuldades.

Talvez seja por isso que os rituais à luz de velas sobreviveram durante tantos séculos. Porque, para além de qualquer crença sobrenatural, representam a busca eterna do ser humano para encontrar sentido, proteção e equilíbrio no meio das incertezas da vida.

Casa como o Primeiro Santuário de Rituais e Velas

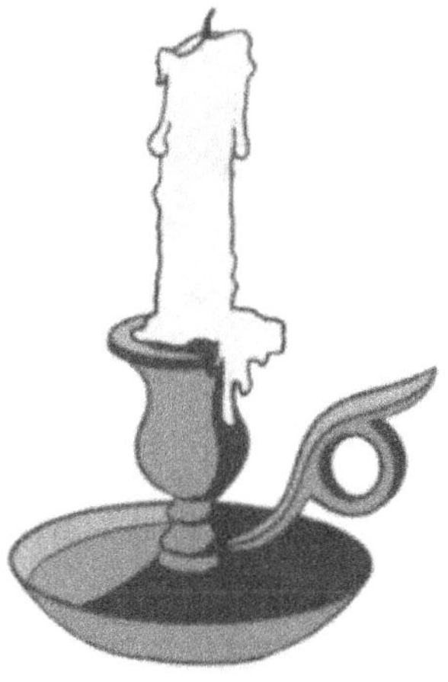

Desde os tempos mais antigos, o lar foi o primeiro lugar onde os seres humanos procuraram refúgio, proteção e ligação espiritual. Muito antes de existirem templos monumentais, igrejas, altares públicos ou centros cerimoniais, as pessoas realizavam os seus rituais dentro das suas próprias casas, em espaços íntimos onde podiam abrigar-se do mundo exterior e praticar as suas crenças longe do olhar dos outros. A casa representava não só um refúgio físico contra o frio ou perigos naturais, mas também um espaço energético e espiritual onde as famílias tentavam proteger-se das forças invisíveis que temiam ou não conseguiam compreender.

Os nomes bruxaria, feitiçaria, adivinhação, espiritualismo, ocultismo e magia surgiram historicamente para descrever diferentes práticas espirituais, rituais e cerimónias relacionadas com a busca de proteção, conhecimento, cura ou poder. Embora ao longo dos séculos muitas destas palavras tenham adquirido conotações negativas ou misteriosas, em muitas culturas antigas estes rituais faziam parte natural da vida quotidiana e eram realizados precisamente nas casas familiares.

Em tempos em que a religião oficial perseguia tudo o que estava relacionado com magia ou práticas ocultas, a casa tornava-se o local mais confidencial e seguro para realizar cerimónias espirituais. Dentro de pequenas salas iluminadas apenas por velas e lâmpadas de óleo, alquimistas, curandeiros, videntes e feiticeiros faziam invocações, preparavam remédios naturais e procuravam respostas espirituais para longe da perseguição e rejeição social.

As velas ocupavam um lugar fundamental nestes rituais secretos. A sua chama proporcionava iluminação, mas também criava uma atmosfera carregada de simbolismo e recordação espiritual. A luz ténue ajudava a concentrar a mente, promovia a meditação e criava a sensação de contacto com forças invisíveis e misteriosas. Muitas tradições acreditavam que a chama funcionava como uma ponte entre os mundos físico e espiritual.

A casa foi considerada durante séculos como um pequeno santuário familiar. Para muitas civilizações antigas, a casa não era apenas um local para dormir ou comer, mas um espaço sagrado onde habitavam os espíritos protetores da família e onde era necessário manter o equilíbrio entre energias visíveis e invisíveis. Por esta razão, grande parte dos rituais domésticos visava proteger o ambiente doméstico e preservar a harmonia entre aqueles que lá viviam.

Infortúnios, doenças, perdas e conflitos familiares levaram muitas culturas a desenvolver práticas destinadas a limpar e proteger as suas casas de influências negativas. Acender velas, queimar ervas aromáticas ou colocar amuletos perto de portas e janelas eram algumas das formas mais comuns de tentar afastar energias consideradas prejudiciais ou más.

Dentro destas crenças, a casa deveria manter-se espiritualmente limpa para proteger não só a saúde física dos seus habitantes, mas também o seu bem-estar emocional e mental. Pensava-se que um ambiente cheio de tensão, tristeza ou energias negativas poderia afetar a tranquilidade de toda a família. Por isso, as práticas espirituais domésticas procuravam criar harmonia e fortalecer emocionalmente aqueles que partilhavam esse espaço.

Muitas culturas antigas viam o fogo como um elemento purificador capaz de destruir a negatividade e proteger contra forças sombrias. Por esta razão, as velas eram usadas em praticamente todas as cerimónias relacionadas com limpeza espiritual e proteção do lar. A chama simbolizava vigilância constante perante perigos invisíveis e atuava como uma representação de esperança e resistência perante a escuridão.

Alquimistas e curandeiros de tempos antigos também realizaram numerosas obras espirituais nas suas próprias casas. Lá preparavam óleos, pomadas, infusões e rituais usando velas, plantas, minerais e símbolos esotéricos. Muitas vezes, estas práticas misturavam conhecimento medicinal, observações naturais e crenças espirituais transmitidas oralmente de geração em geração.

A privacidade da casa também permitia cerimónias profundamente pessoais relacionadas com o amor, fertilidade, proteção familiar ou a busca de respostas espirituais. As pessoas podiam realizar orações, meditações ou rituais sem se exporem a julgamento público ou perseguição religiosa ou social.

Em muitas culturas, a cozinha e o fogo central da casa eram considerados espaços sagrados. O fogo simbolizava vida, proteção e união familiar. Manter a chama acesa representava continuidade, segurança e prosperidade para aqueles que habitavam a casa. Com o tempo, as velas herdaram grande parte desse simbolismo protetor relacionado com o fogo doméstico.

Havia também a crença de que certas entidades ou espíritos negativos podiam facilmente entrar em casas se não estivessem protegidos espiritualmente. Por esta razão, foram desenvolvidos rituais específicos destinados a "selar" energeticamente as casas através de velas, símbolos religiosos, amuletos e orações. Muitas destas tradições ainda sobrevivem em diferentes culturas modernas, embora adaptadas a novas crenças e costumes.

A relação entre o lar e a espiritualidade continua profundamente presente até hoje. Embora as formas tenham mudado, muitas pessoas continuam a sentir a necessidade de transformar certos espaços da sua casa em espaços de tranquilidade, reflexão e ligação emocional. Acender uma vela em tempos difíceis, realizar meditações ou criar pequenos altares pessoais são práticas que preservam essa antiga ideia do lar como refúgio espiritual.

Para além das crenças mágicas ou religiosas, os seres humanos sempre precisaram de sentir que a sua casa é um lugar seguro onde podem proteger-se emocionalmente do caos exterior. É por isso que, desde as primeiras civilizações até aos dias de hoje, as velas continuam a simbolizar proteção, calma e esperança no espaço mais íntimo da vida humana: o próprio lar.

Talvez seja por isso que a imagem de uma vela acesa dentro de casa continua a despertar um sentimento especial de paz e abrigo. Porque, no fundo, a luz de uma vela representa algo profundamente antigo e universal: o desejo humano de manter a esperança viva e proteger aquilo que mais ama perante as incertezas e sombras do mundo exterior.

A Proteção Espiritual do Lar e os Rituais do Lar

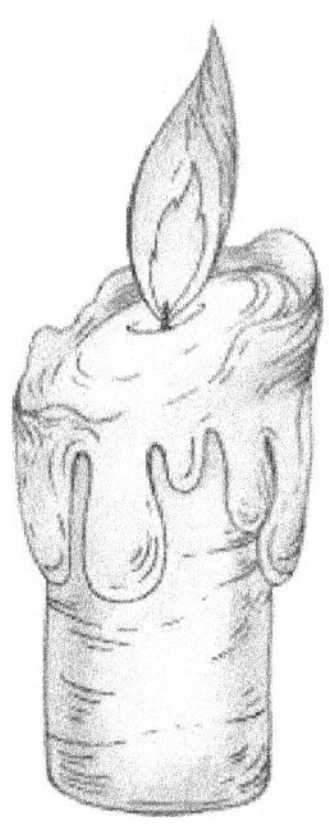

A casa sempre foi um dos bens mais importantes e valiosos para os seres humanos. Para além de simplesmente representar uma construção física, a casa simboliza refúgio, segurança, intimidade e proteção emocional. É o lugar onde as famílias descansam, partilham as suas alegrias, enfrentam as dificuldades e constroem grande parte das suas memórias. Por esta razão, desde os tempos antigos, as pessoas sentiam a necessidade de proteger espiritualmente as suas casas e afastar as energias negativas, as desventuras e tudo o que pudesse perturbar a paz do ambiente familiar.

Ao longo dos séculos, praticamente todas as civilizações desenvolveram rituais relacionados com a limpeza e proteção das casas. Algumas culturas usavam fogo e velas, outras recorriam a plantas aromáticas, amuletos, símbolos sagrados, orações ou cerimónias específicas destinadas a preservar a harmonia dentro do lar. Estas práticas surgiram da crença de que os lugares retêm energias relacionadas com as pessoas e os eventos que neles ocorreram.

Muitas pessoas acreditam que certos lares podem ser emocionais ou espiritualmente sobrecarregados após situações difíceis, como conflitos familiares, doença, violência, perda ou sofrimento intenso. Assim, dentro das tradições esotéricas, as casas antigas costumam receber atenção especial em rituais de purificação energética e proteção espiritual.

Hoje, muitas casas são construções novas ou propriedades em segunda mão onde provavelmente não houve situações graves ou eventos negativos. No entanto, dentro do simbolismo espiritual, ainda é considerado aconselhável realizar cerimónias de harmonização e proteção ao ocupar uma casa nova, especialmente se forem locais antigos ou terrenos onde ocorreram eventos dolorosos ou traumáticos.

As tradições antigas defendiam que os espaços físicos absorvem emoções, pensamentos e energias daqueles que os habitam. Segundo estas crenças, discussões constantes, sofrimento prolongado ou situações violentas podem deixar uma espécie de marca emocional no ambiente. Por isso, antes de iniciar uma nova fase dentro de casa, muitas pessoas realizam rituais destinados a renovar a energia do local e criar uma atmosfera mais harmoniosa e calma.

Os rituais de limpeza espiritual de uma casa não devem necessariamente ser realizados apenas quando existem problemas sérios ou fenómenos estranhos. Muitas correntes espirituais consideram que estes trabalhos também servem para manter o equilíbrio emocional, fortalecer o sentido de paz dentro do lar e criar um ambiente mais positivo para quem lá vive.

Algumas cerimónias destinam-se especificamente a eliminar o azar, neutralizar energias negativas ou proteger o lar contra influências prejudiciais relacionadas com inveja, conflitos e tensões emocionais. Outros procuram atrair prosperidade, harmonia familiar e estabilidade espiritual dentro do lar.

Dentro das tradições populares, existem também rituais relacionados com a proteção contra o mau-olhado e a inveja. Muitas culturas acreditam que pensamentos negativos, hostilidade emocional ou más intenções de outras pessoas podem afetar a atmosfera de um lar. Por esta razão, acender velas, queimar ervas protetoras ou realizar orações especiais tornou-se uma forma simbólica de reforçar a proteção espiritual do lar.

Outro tipo de rituais domésticos procura "abrir caminhos" dentro da casa. Estas cerimónias simbolizam a remoção de bloqueios energéticos e a possibilidade de novas oportunidades relacionadas com a prosperidade, tranquilidade e bem-estar familiar. Muitas pessoas fazem este tipo de trabalho quando sentem que o ambiente doméstico se tornou pesado, estagnado ou emocionalmente desgastante.

Existem também rituais específicos destinados a harmonizar divisões específicas da casa. Algumas pessoas acreditam que certos espaços podem acumular tensões emocionais, memórias dolorosas ou sensações desconfortáveis. Por esta razão, realizam limpezas espirituais usando velas, incenso, plantas aromáticas e orações, com a intenção de restaurar paz e equilíbrio no local.

Cerimónias relacionadas com exorcismos ou expulsão de espíritos fazem parte de algumas tradições espirituais antigas e modernas. Historicamente, muitas culturas acreditavam que certas entidades invisíveis podiam permanecer ligadas a certos lugares. Embora estas crenças variem muito consoante a religião e a tradição cultural, o principal objetivo destes rituais foi sempre restaurar a tranquilidade, a proteção e a harmonia dentro do lar.

No entanto, para além das interpretações sobrenaturais, a maioria dos rituais domésticos também tem uma importante dimensão emocional e psicológica. Limpar uma casa, acender velas, organizar o espaço e criar ambientes calmos ajuda muitas pessoas a sentirem maior calma, segurança e bem-estar emocional dentro da sua própria casa.

As velas são o centro do palco nestes rituais porque simbolizam luz, proteção e esperança. Acender uma vela dentro de uma casa representa iluminar o ambiente tanto física como espiritualmente. A chama transmite uma sensação de tranquilidade e ajuda a transformar o espaço num local mais quente e harmonioso.

O incenso, as plantas aromáticas e as orações também contribuem para criar uma atmosfera mais serena emocionalmente. O simples aroma de certas ervas pode influenciar positivamente o humor e promover momentos de introspeção, calma e renovação emocional.

Ao longo da história, a casa sempre foi considerada o principal núcleo da proteção familiar. É por isso que as pessoas procuravam constantemente formas de a proteger de doenças, infortúnios, conflitos e perigos invisíveis. A casa não era apenas um lugar físico, mas uma extensão emocional e espiritual daqueles que a habitavam.

Talvez seja por isso que muitas pessoas ainda sentem a necessidade de limpar energeticamente uma casa quando se mudam, após uma discussão forte ou depois de passarem por momentos difíceis. Porque, no fundo, o lar continua a representar o espaço onde procuramos paz, refúgio e estabilidade perante o caos do mundo exterior.

Para além das crenças espirituais ou mágicas, todos estes rituais refletem uma necessidade profundamente humana: proteger aquilo que mais amamos e transformar o nosso lar num lugar onde a tranquilidade, a segurança e a harmonia emocional reinem.

Rituais de Proteção Espiritual do Lar e Purificação

O lar, como principal refúgio de cada pessoa ou família, sempre ocupou um lugar profundamente importante na vida humana. Não representa apenas uma construção material feita de paredes e tetos, mas também o espaço onde as pessoas descansam, formam memórias, passam por alegrias e enfrentam dificuldades. Por esta razão, a casa tem sido considerada desde tempos antigos um dos lugares mais sagrados e valiosos, e também um dos espaços que recebeu mais rituais de proteção ao longo da história.

Desde as primeiras civilizações, as pessoas sentiram a necessidade de proteger espiritualmente as suas casas de infortúnios, doenças, conflitos e forças invisíveis que consideravam perigosas. Muitas culturas acreditavam que as habitações absorviam as energias emocionais e espirituais daqueles que as habitavam. Por isso, quando sofrimento intenso, discussões constantes, doenças ou tragédias ocorriam numa casa, pensava-se que o ambiente poderia estar carregado de negatividade e desequilíbrio energético.

Atualmente, muitas das casas onde vivemos são construções novas ou propriedades em segunda mão onde provavelmente não houve eventos graves ou situações traumáticas. No entanto, dentro das tradições esotéricas, ainda é considerado aconselhável realizar rituais de purificação e proteção, especialmente em casas antigas ou construídas em terrenos onde possam ter ocorrido eventos dolorosos, conflitos coletivos ou situações emocionalmente intensas.

A ideia de purificar espiritualmente um lar nem sempre nasce do medo de fenómenos sobrenaturais. Em muitas ocasiões, responde simplesmente à necessidade humana de renovar o ambiente, iniciar uma nova fase com energias positivas e transformar a casa num espaço de paz e harmonia emocional. Mudar-se para uma nova casa, passar por tempos difíceis ou sentir o ambiente demasiado pesado são algumas das razões pelas quais muitas pessoas realizam rituais domésticos de proteção.

As cerimónias de purificação espiritual podem ser realizadas tanto em casas antigas como em casas novas. Segundo estas crenças, mesmo um lugar onde aparentemente nada de negativo aconteceu pode beneficiar de um ritual destinado a fortalecer a tranquilidade emocional e proteger aqueles que lá viverão.

Algumas tradições falam de cerimónias específicas contra demónios ou entidades malignas. Historicamente, muitas culturas acreditavam que certas forças invisíveis podiam afetar emocional ou espiritualmente os habitantes de uma casa. Embora estas crenças variem muito entre religiões e correntes espirituais, o principal objetivo destes rituais foi sempre restaurar um sentido de segurança, paz e proteção no lar.

Existem também rituais destinados a eliminar o azar dentro de casa. Muitas pessoas acreditam que certos espaços parecem ficar emocionalmente estagnados após períodos difíceis, acumulando tensões, discussões ou uma sensação constante de fracasso e exaustão. Os rituais de purificação procuram simbolicamente quebrar essa energia negativa e abrir espaço para novas oportunidades e mudanças positivas.

A proteção contra o mau-olhado e a inveja é outra das razões mais comuns pelas quais são realizadas cerimónias domésticas. Desde tempos antigos, inúmeras culturas acreditavam que pensamentos negativos, hostilidade emocional e inveja podiam afetar o bem-estar de uma família ou perturbar a harmonia do lar. Por isso, acender velas, queimar ervas protetoras e realizar orações especiais tornou-se uma forma simbólica de reforçar a proteção espiritual da casa.

Alguns rituais também visam "abrir caminhos" dentro da casa. Esta expressão simboliza a remoção de bloqueios emocionais ou energéticos que parecem impedir o progresso, a tranquilidade ou a prosperidade daqueles que ali vivem. Muitas pessoas sentem que, após certos períodos difíceis, o ambiente se torna pesado ou estagnado, e recorrem a cerimónias espirituais para renovar a energia do lar e promover novos começos.

Existem também rituais específicos destinados a limpar certas divisões da casa. Algumas tradições defendem que certos espaços podem acumular tensão emocional devido a discussões, doenças ou experiências dolorosas ali vividas. Quartos, salas de estar ou cantos específicos da casa são então purificados com velas, incenso, orações e plantas aromáticas, com o objetivo de restaurar a tranquilidade e o equilíbrio do ambiente.

Rituais de exorcismo ou expulsão de espíritos fazem parte de algumas práticas religiosas e esotéricas antigas. Ao longo da história, muitas culturas acreditaram na possibilidade de entidades invisíveis ligadas a certos lugares. No entanto, mesmo para além das interpretações sobrenaturais, estas cerimónias refletem o profundo desejo humano de libertar espaços de medo, sofrimento e sofrimento emocional.

A paz e a harmonia dentro do lar sempre foram objetivas fundamentais destes rituais. Para além das crenças mágicas, limpar uma casa, acender velas e reorganizar os espaços psicologicamente ajuda muitas pessoas a sentir renovação, tranquilidade e maior controlo emocional sobre o seu ambiente.

As velas são o centro do palco nestas cerimónias porque simbolizam luz, proteção e esperança. Acender uma vela dentro de uma casa representa iluminar não só o espaço físico, mas também o ambiente emocional e espiritual da casa. A chama cria uma sensação de calma e proteção que acompanha os humanos há milhares de anos.

O incenso e as plantas aromáticas usadas nestes rituais também desempenham um papel importante. Os seus aromas ajudam a criar ambientes mais relaxantes e promovem estados de tranquilidade e concentração emocional. Muitas tradições utilizam ruda, alecrim, louro, manjericão ou sândalo precisamente devido ao seu forte simbolismo protetor e purificador.

Para além das crenças espirituais, todos estes rituais refletem uma necessidade profundamente humana: sentir que o lar é um lugar seguro onde o corpo e a mente podem descansar. As pessoas sempre tentaram proteger as suas casas porque as suas memórias, os seus afetos e grande parte da sua vida emocional vivem neles.

Talvez seja por isso que a ideia de limpar e proteger espiritualmente uma casa ainda é válida até hoje. Porque, mesmo que os tempos mudem, os seres humanos ainda precisam de transformar a sua casa num espaço onde a tranquilidade, a harmonia e um sentido de refúgio face às dificuldades do mundo exterior reinem.

Ritual para Proteger um Novo Lar

Deve procurar um dia, hora e posição astral adequados. É aconselhável fazê-lo numa quinta ou sexta-feira, com a Lua no signo de Balança ou Caranguejo e na Lua na fase de quarto crescente.

Precisa de:

- 4 velas brancas
- Arruda
- Tinta branca,
- bússola
- Plantas das Casas

Localiza os pontos cardeais com a bússola dentro da casa, marca-os com tinta branca nas extremidades mais próximas das paredes exteriores. Coloque uma vela em cada um dos quatro pontos, acenda-os e coloque as plantas da casa na porta da frente.

Sem pisar os mapas, coloca-te à frente deles e apontando para o norte repetirás: nesta casa familiar (diga os nomes das pessoas que a viverão) nada ou ninguém entrará se não tiver boa relação com as forças do bem, nada e ninguém que possa perturbar a paz da família (digam os nomes das pessoas). Deves repetir isso focando-te em cada ponto cardinal.

Depois pegas na planta ruda, queima-a e fazes passar fumo pelos quatro cantos que marcam os pontos cardeais, repetindo em voz alta: Abençoo as paredes desta casa para que paralisem as forças do mau-olhado. Consagrado este lugar como um santuário de (digam os nomes das pessoas) para que possam viver aqui em paz e harmonia.

Para acabar, deixas as velas acesas. Botas no lixo normal

Ritual para Afastar a Má Sorte de um Lar

Precisa de:

- O mesmo número de velas violetas que tens em casa.
- Casca de alho
- Tinta branca
- bússola.

Localize os pontos cardeais da casa com a bússola em todas as divisões da sua casa. Marca-os com tinta branca. Fazes um círculo no meio de cada sala e colocas uma vela roxa. Coloca-se no meio do círculo, acende a vela e, com a chama da vela, queima as cascas de alho e repete:

Com este fumo, faço qualquer tipo de infortúnio sair da sala. Este processo deve ser realizado em todas as divisões da casa, sempre começando pelo nível inferior até chegar à porta principal ou à sala de estar.

Ritual para limpar as más influências em casa.

Precisa de:

-7 colheres de sopa de sal marinho grosso

-1 caçarola de metal

-7 pastilhas de carvão

-1 colher de sopa de canela em pó

-7 colheres de sopa de água da Lua Cheia

-1 vela branca

Acenda a vela em sua casa num local espaçoso. Na caçarola de metal, deve acender as sete tábuas de carvão e sobre elas, polvilhar o sal e a canela. Percorre toda a casa enquanto o fumo sai e repete em voz alta: "Desta casa vêm todas as más influências. Em nome dos arcanjos Gabriel, Rafael, Miguel e Uriel". Quando terminar, deita as sete colheres de chá de água benta sobre a travessa da caçarola. Deves fazer esta limpeza pelo menos dois dias seguidos, começando numa terça-feira.

Ritual para remover vibrações negativas da sua casa e atrair abundância material.

Precisa de:

- 3 Velas brancas

- 9 Folhas de manjericão

- 9 cabeças de alho

- 9 Folhas de aipo

- 9 folhas de hortelã

- 9 grãos de sal marinho

- 9 litros de água benta ou água do mar

- 1 Travessa de caçarola

Realize este ritual num sábado, na altura do planeta Saturno ou do Sol. É mais eficaz na fase da Lua Gibosa Minguante.

Tens de ferver todos os ingredientes durante 15 minutos na água benta. Depois coas e, com a infusão, limpas a casa. Se tiveres sobras, podes tomar banho com elas. Deixas as velas brancas acesas à entrada da casa.

Proteja a sua Casa contra a Magia Negra.

Precisa de:

- 1 colar de alho

- 4 moedas de prata.

- 1 peça de tecido preto

- 1 placa de vidro branca

- 1 vela branca

Durante um dia de Lua Crescente, pendura o fio de alho no interior da porta da frente. No canto da tua casa, à esquerda e atrás, vais desdobrar o tecido preto, nos quatro cantos vais colocar as moedas. Depois colocas a vela no prato, colocas-ma por cima do tecido e acendes a vela. Deixa-o consumir completamente. Nunca deve gastar moedas, embrulhá-las em pano preto e escondê-las numa gaveta.

O feitiço abre caminhos para a abundância em casa.

Precisa de:

* Louro

* Alecrim

* 3 moedas douradas

* 1 vela dourada

* 1 vela prateada

* 1 vela branca

Coloque as velas em forma de pirâmide. Coloque uma moeda ao lado de cada vela e deixe as folhas de louro e o alecrim no centro deste triângulo. Acenda as velas nesta ordem: primeiro a prateada, depois a branca e por último a dourada.

Repita esta invocação:

"Pelo poder da energia purificadora e da energia infinita, invoco a ajuda de todas as entidades que me protegem para curar as minhas finanças."

Deixe as velas apagarem-se completamente e guarde as moedas na carteira. Essas três moedas não devem ser gastas. Quando o louro e o alecrim secarem, queime-os e passe o fumo deste incenso pela sua casa ou pelo seu negócio.

Feitiço para proteger a sua casa contra roubos.

Precisa de:

- 1 recipiente de cobre

- Álcool de 90 graus

- 10 gotas de óleo de eucalipto

- 10 gotas de óleo de lavanda

- 1 ramo de ruda

- 1 Ametista

- 3 Velas Amarelas

Tens de macerar todos os ingredientes imersos no álcool dentro do recipiente durante uma fase completa da Lua Crescente. Todos os dias, assim que escurecer, agitas a mistura. Depois desta lunação, transfere o líquido do recipiente para a garrafa com vaporizador e insere a ametista. Com isto pode fumigar todos os cantos das divisões da sua casa ou escritório. Durante estas fumigações, deve acender uma vela amarela.

Feitiço para Abundância na tua casa.

Precisa de:

- 2 Velas Verdes

- 7 recipientes de argila

- Mel virgem

- Folhas de hortelã

Misturas as folhas de mel e hortelã, divides este conteúdo nos recipientes de barro e distribuis-mos pela tua casa. Tens de realizar este feitiço no primeiro dia do mês, à hora do planeta Júpiter. Para fortalecer este ritual ao distribuir os recipientes, repita em voz alta: "Adoço a minha vida, a minha casa e o meu escritório e invoco os quatro elementos para me atrair sucesso e dinheiro, aqui e agora, em perfeita harmonia e para o bem de todos." Repete durante dois dias e acende uma vela verde todos os dias.

Fórmula cubana para a Prosperidade.

Precisa de:

- 1 vela grande (deve durar 7 dias)

- Pó de ouro

- Pó de café

- Sal marinho grosso

- Leite em pó

- Açúcar mascavado

- 1 lápis

- 1 agulha de costura

Vai desenhar com a agulha no topo da vela uma estrela de cinco pontas, com o lápis faz um pequeno orifício em cada ponta dos picos. Aos cinco buracos vais adicionar uma pitada de todos os ingredientes. Vais dedicar esta vela a Oshun, a deusa do amor e do dinheiro. Acendes a vela e deixas-ma acesa. Os restos da vela devem ser levados para o rio ou para o mar.

Feitiço para Proteção Doméstica.

Compra 1 vela preta, 7 folhas de ruda e 7 folhas de manjericão. Deixe-as num local escuro e seco para secar rapidamente. Esmagar as ervas e colocá-las num pequeno frasco de vidro.

Enches o frasco com álcool ou gin. Deixe a mistura macerar durante dois dias. Dilua a mistura num balde com 10 a 15 litros de água. Faz uma limpeza profunda da sua casa com esta mistura. Deve realizar esta purificação numa sexta-feira, hora do planeta Marte. Deixa a vela preta acesa.

Feitiço para que a família tenha prosperidade económica.
Este ritual deve começar num domingo.

Precisa de:

- Múltiplas notas (independentemente de estarem fora de circulação)

- Múltiplas moedas

- 1 Vela verde

- 1 Vela amarela

 -1 pedaço de pano verde

Começas por colocar as notas retangulares por cima do tecido verde. No centro, colocas as moedas em forma de pentáculo. À esquerda disto, colocará a vela verde e à direita a vela amarela. Liga-os durante uma hora, depois desse período vais desligá-los com as pontas dos dedos. Tem de repetir este processo durante 3 dias. No quarto dia deitas fora os restos das velas. As moedas e notas são embrulhadas num pano verde que vais guardar. na cozinha ou sala de jantar da sua casa.

Feitiço para afastar a pobreza.

Precisa de:

- 1 limão grande

- Açúcar branco

- 1 vela verde

- 1 recipiente de vidro de boca larga

- 1 Agulha de costura nova

Deves escrever na vela com uma agulha as seguintes palavras: "Tenho muito dinheiro" e o teu nome completo. Depois acendes a vela. Pega no limão e corta-o ao meio, deve ser dividido em duas metades, mas mantém-se unido por uma pequena porção. Coloque o limão numa taça e polvilhe o açúcar por cima. Durante este processo, repete em voz alta: "Tenho dinheiro abundante." O limão deve permanecer no recipiente até à vela ser consumida. Depois pega no frasco e coloca o limão, o açúcar e o resto da vela lá dentro. Este frasco deve ficar na sua cozinha.

Objetos que dificultam a prosperidade e alteram a energia doméstica

Desde tempos antigos, diferentes culturas acreditam que certos objetos dentro da casa podem influenciar positiva ou negativamente a energia das pessoas e o equilíbrio espiritual do lar. Muitas tradições relacionadas com o FengShui, esoterismo e crenças populares defendem que o ambiente onde vivemos absorve emoções, memórias e vibrações energéticas. Por esta razão, manter a casa limpa, arrumada e livre de elementos associados à tristeza, deterioração ou energias estagnadas tem sido considerado essencial para atrair prosperidade, tranquilidade e bem-estar.

Embora muitas destas crenças façam parte de tradições espirituais e superstições populares, todas concordam numa ideia comum: os espaços físicos influenciam profundamente o estado emocional e mental daqueles que os habitam. Objetos acumulados, danificados ou carregados de memórias negativas podem levar a sentimentos de peso, exaustão emocional e dificuldade em avançar para novas fases da vida.

Um dos primeiros elementos que muitas correntes espirituais recomendam evitar são os enfeites ou presentes indesejados. Guardar objetos dados por pessoas que causam tristeza, ressentimento ou memórias dolorosas pode manter viva uma fase negativa do passado. Relações conflituosas deixam marcas emocionais e, simbolicamente, os objetos ligados a essas experiências continuam a representar essa energia dentro do lar. Como resultado, muitas pessoas preferem abdicar de presentes associados a términos traumáticos, amizades prejudiciais ou situações emocionalmente difíceis.

Flores secas, plantas artificiais e cinzas de pessoas falecidas são também frequentemente consideradas símbolos de energia contida. As flores murchas representam o fim de um ciclo de vida e, dentro de simbolismo esotérico, podem transmitir uma sensação de decadência e tristeza. Plantas artificiais, sem vida natural, são vistas por algumas tradições como elementos incapazes de gerar renovação energética. As cinzas humanas, por outro lado, simbolizam a permanência emocional do luto e a presença constante da morte dentro do lar. Muitas correntes espirituais acreditam que estes elementos dificultam o fluxo natural das energias positivas.

Cactos e plantas espinhosas possuem um simbolismo particular dentro de certas tradições orientais e esotéricas. Embora muitas pessoas os considerem decorativos e resistentes, acredita-se que os seus espinhos representam tensões, conflitos e obstáculos emocionais ou económicos. Segundo algumas interpretações do FengShui, estas plantas podem gerar ambientes defensivos e desarmoniosos se forem colocadas dentro de casa, especialmente em áreas relacionadas com a prosperidade ou relações afetivas.

Espelhos partidos ou manchados são provavelmente um dos símbolos de má sorte mais comuns no mundo. Durante séculos, os espelhos foram considerados objetos capazes de refletir não só a imagem física, mas também a energia espiritual das pessoas. Um espelho partido simboliza fragmentação, desequilíbrio e rutura energética. Espelhos sujos ou deteriorados também transmitem abandono e desordem emocional. No FengShui também é considerado importante evitar colocar espelhos à frente dos pés da cama, pois acredita-se que isso altera o descanso e gera instabilidade emocional.

A posição da vassoura dentro da casa também faz parte de várias superstições populares. Armazená-lo com as cerdas para cima simboliza, segundo estas crenças, expulsar prosperidade e atrair dificuldades económicas. Tê-lo devidamente suportado com as cerdas viradas para baixo representa ordem, estabilidade e conservação da energia positiva dentro da casa.

As partes dos animais mortos, como peles, cornos, conchas, marfim ou animais empalhados, são consideradas por muitas tradições como símbolos de energia contida e da presença constante da morte. Embora historicamente estes objetos fossem usados como decoração ou troféus, nas correntes espirituais modernas pensa-se que transmitem fortes vibrações que prejudicam a harmonia emocional da casa.

O acúmulo de roupas velhas, rasgadas ou remendadas é também visto como um obstáculo energético. Roupas deterioradas simbolizam abandono, apego ao passado e dificuldade em renovar-se emocionalmente. Muitas tradições recomendam despir periodicamente as roupas que já não são usadas para permitir que novas energias e oportunidades circulem dentro da casa.

O FengShui presta especial atenção à localização dos aquários dentro da casa. Embora a água simbolize abundância e movimento, colocar um aquário na cozinha ou no quarto é considerado desfavorável porque o elemento água pode interferir com o equilíbrio energético do fogo presente nesses espaços. A cozinha simboliza nutrição, vitalidade e prosperidade familiar, enquanto o quarto representa descanso e intimidade. O excesso de energia hídrica nestas áreas pode levar a desequilíbrio emocional e exaustão energética.

Calendários antigos ou desatualizados também possuem um forte simbolismo relacionado com o tempo parado e a dificuldade de avançar. Mostrar datas incorretas simboliza manter-se emocionalmente preso no passado e não permitir o fluxo natural do presente. Por esta razão, muitas tradições consideram importante manter relógios e calendários atualizados dentro de casa.

Os relógios parados representam uma das superstições mais conhecidas relacionadas com má sorte. Segundo as crenças chinesas antigas, um relógio parado simboliza a interrupção do fluxo vital e a estagnação energética. Também está associada a finais abruptos, perdas e a uma sensação de tempo congelado. Ter relógios partidos dentro de casa simbolicamente transmite abandono e dificuldade em avançar.

Imagens de desastres naturais, destruição ou tragédias também são consideradas desfavoráveis ao ambiente doméstico. Fotografias de tempestades, inundações, incêndios ou paisagens associadas ao sofrimento emocional geram sentimentos de tensão, tristeza ou preocupação constante. Mesmo cenas aparentemente tranquilas, como chuva intensa ou neve fria, podem simbolizar melancolia e isolamento emocional segundo algumas tradições.

A cor e a orientação da porta da frente também têm um simbolismo importante dentro do FengShui. Uma porta preta virada em certas direções pode ser considerada desfavorável porque altera o balanço energético relacionado com os elementos naturais e os pontos cardeais. A porta representa a principal entrada de energia para a casa, por isso muitas culturas prestam grande atenção ao seu estado, cor e orientação.

Abrir guarda-chuvas ou guarda-chuvas dentro de casa é uma superstição muito antiga presente em muitos países. Embora racionalmente não haja perigo espiritual, simbolicamente é interpretado como atrair má sorte ou quebrar a proteção energética do lar. O guarda-chuva aberto dentro de um espaço fechado representa interferência e desequilíbrio na harmonia doméstica.

Por fim, o machado dentro da casa tem sido tradicionalmente associado à violência, morte e conflito. Devido à sua natureza cortante e destrutiva, muitas culturas consideram-no um símbolo inadequado para ambientes destinados à paz familiar e à harmonia emocional.

Para além das superstições e crenças esotéricas, todas estas tradições refletem algo profundamente humano: a necessidade de transformar a casa num espaço emocionalmente saudável, limpo e harmonioso. Os objetos que guardamos também falam das nossas emoções, memórias e estados mentais. Manter a casa arrumada, livre de elementos deteriorados ou associados a experiências negativas ajuda psicologicamente a criar ambientes mais leves, calmos e renovados.

Talvez seja por isso que tantas culturas insistiram durante séculos na importância de cuidar da energia do lar. Porque, no fim, a casa não é só o lugar onde vivemos, mas também o espaço onde repousam as nossas emoções, as nossas memórias e grande parte da nossa paz interior.

Plantas que atraem prosperidade nas casas

Desde tempos antigos, as plantas ocuparam um lugar especial nas tradições espirituais e esotéricas relacionadas com a proteção, abundância e equilíbrio energético no lar. Muitas civilizações observaram que a natureza transmite um sentido de vida, renovação e harmonia, pelo que começaram a atribuir propriedades simbólicas e espirituais a certas espécies de plantas. Ao longo dos séculos, surgiram inúmeras crenças segundo as quais certas plantas têm a capacidade de atrair prosperidade, afastar energias negativas e promover o bem-estar emocional e económico daqueles que habitam uma casa.

Para além das superstições ou práticas mágicas, as plantas têm um efeito óbvio no ambiente físico e emocional das casas. Proporcionam frescura, cor, aromas agradáveis e uma sensação de tranquilidade. O simples ato de cuidar de uma planta cria uma ligação com a natureza e ajuda a criar ambientes mais harmoniosos e relaxantes. Talvez seja por isso que tantas culturas associam certas espécies à boa sorte, proteção espiritual e abundância.

A samambaia é uma das plantas mais conhecidas nas tradições relacionadas com a prosperidade e a proteção do lar. Graças à sua abundante folhagem verde e à sua capacidade de se adaptar facilmente no interior, tornou-se um símbolo de crescimento, estabilidade e boa sorte. Muitas pessoas acreditam que a samambaia ajuda a proteger a casa contra energias negativas e promove a harmonia familiar. A sua aparência folhosa representa abundância e expansão constante, qualidades profundamente ligadas à prosperidade.

O manjericão é outra das plantas mais valorizadas tanto na cozinha como nas práticas espirituais. Para além de ser famosa pelo seu aroma intenso e pelo seu uso em molhos e alimentos tradicionais, o manjericão tem sido considerado durante séculos uma erva protetora capaz de atrair boa sorte e afastar a negatividade. Em muitas culturas, é colocado perto das entradas da casa como símbolo de proteção e prosperidade. A sua energia está associada ao equilíbrio, bem-estar económico e harmonia emocional.

A lavanda tem uma das fragrâncias mais reconhecíveis e relaxantes do mundo das plantas aromáticas. Desde tempos antigos tem sido usado em rituais destinados a atrair dinheiro, tranquilidade e proteção espiritual. O seu aroma ajuda a reduzir a tensão, aliviar a ansiedade e criar ambientes cheios de paz emocional. Muitas tradições acreditam que a lavanda purifica energeticamente os espaços e promove a entrada de prosperidade e bem-estar no lar.

A madrepérola, conhecida pelo design particular e vibrante das suas folhas, é uma planta amplamente utilizada para decorar interiores tropicais. Dentro das crenças populares, simboliza abundância, crescimento económico e expansão material. A sua aparência elegante e luminosa representa prosperidade e sucesso, razão pela qual muitas pessoas o colocam em espaços relacionados com trabalho, negócios ou finanças.

O gerânio é uma das plantas mais antigas atribuídas a propriedades mágicas e protetoras. Tradicionalmente, está relacionado com o amor, fertilidade, harmonia familiar e proteção contra feitiçaria ou energias negativas. Para além da sua beleza ornamental, o gerânio simboliza o bem-estar emocional e a prosperidade económica. Muitas culturas usavam-no em rituais domésticos destinados a proteger o lar e atrair estabilidade.

A chamada "planta do dinheiro", também conhecida como castanheira-da-Guiné, é provavelmente uma das espécies mais populares dentro do FengShui e das tradições relacionadas com a abundância. Acredita-se que atrai prosperidade económica e estabilidade financeira tanto em agregados familiares como em locais de trabalho. O seu tronco forte e facilidade de crescimento simbolizam o desenvolvimento constante e o crescimento material. Muitas pessoas colocam-no perto de entradas, escritórios ou áreas relacionadas com negócios para promover o sucesso e a abundância.

O eucalipto é amplamente conhecido pelas suas propriedades medicinais e purificadoras. Nas tradições espirituais, queimar folhas de eucalipto ou usar o seu aroma dentro de casa ajuda a eliminar energias negativas e a renovar o ambiente. A sua fragrância fresca simboliza limpeza, clareza e abertura de caminhos. Muitas pessoas realizam limpezas energéticas passando fumo de eucalipto por cada divisão para atrair tranquilidade e prosperidade.

A camomila tem sido usada desde tempos antigos tanto na medicina natural como em rituais espirituais. Simboliza calma, purificação e proteção emocional. Acredita-se que ajuda a eliminar as energias negativas e promove a chegada da abundância e do bem-estar ao lar familiar. Para além das suas propriedades relaxantes, representa equilíbrio e serenidade, qualidades fundamentais para manter a harmonia dentro da casa.

A Aloé Vera é uma das plantas protetoras mais conhecidas em inúmeras culturas. Tradicionalmente, é colocado perto de portas ou janelas porque acredita-se que absorve a negatividade e protege contra a inveja e o mau-olhado. Muitas pessoas consideram que, quando a Aloé Vera murcha subitamente, é porque absorveu energias negativas destinadas ao lar. Simboliza também saúde, prosperidade e boa sorte.

O tomilho foi usado durante séculos para purificar ambientes e proteger as casas de influências negativas. O seu aroma intenso ajuda a purificar energeticamente o ar e a criar uma sensação de frescura e tranquilidade. Em muitas tradições antigas, o tomilho era queimado dentro das casas antes de cerimónias espirituais ou após conflitos familiares para restaurar a harmonia emocional com o ambiente.

A hortelã-pimenta é principalmente conhecida pelas suas propriedades medicinais e refrescantes, mas dentro de crenças esotéricas também simboliza prosperidade económica e eliminação de más vibrações. Ter hortelã dentro de casa representa movimento energético positivo, clareza mental e renovação emocional. O seu aroma ajuda a dissipar tensões e a criar ambientes mais leves e agradáveis.

Todas estas plantas têm um forte simbolismo relacionado com a vida, o crescimento e a renovação. Para além das crenças espirituais, cuidar das plantas dentro de casa ajuda a criar espaços emocionalmente mais saudáveis e ligados à natureza. A cor verde, os aromas naturais e a presença de plantas geram uma sensação de calma e bem-estar psicológico.

Talvez seja por isso que tantas culturas desenvolveram rituais e tradições relacionadas com plantas de interior. Porque, no fundo, os seres humanos sempre procuraram rodear-se de elementos que simbolizam esperança, proteção e abundância. As plantas representam exatamente isso: a capacidade constante de crescer, renovar e florescer mesmo após os momentos mais difíceis.

Ritual para Acelerar à Venda de uma Casa.

Precisa de:

- 1 Chave da Casa

 -1 fita laranja

- Pentáculo de Saturno #3

- 1 vela verde

- 1 Pena branca de pássaro

Deve realizar este ritual nas horas do planeta Júpiter, Vénus ou Saturno, mas à noite. É importante que a propriedade já esteja à venda.

Acendes a vela verde e colocas-ma em cima do pentáculo de Saturno. Colocas a fita no buraco da chave e ata-a cinco nós, nas extremidades ata-a com uma pena branca. Coloca-o em frente à vela e repete em voz alta: "Decidi viver na opulência, sou um vencedor, nasci para ter sucesso e também para vencer. Sou empreendedor e reivindico a parte de riqueza que me corresponde. Esta casa já está vendida." Quando a vela se apagar, enterre tudo no seu quintal ou num parque.

A Zona de Riqueza na Sua Casa

No FengShui e em muitas tradições esotéricas relacionadas com a prosperidade, acredita-se que cada área da casa tem uma influência específica em diferentes aspetos da vida das pessoas. Existem áreas relacionadas com amor, saúde, espiritualidade, família e também com dinheiro e abundância. De acordo com estas crenças, a distribuição dos objetos, a limpeza do espaço e a energia que circula dentro da casa podem influenciar simbolicamente o bem-estar emocional e económico daqueles que lá vivem.

A chamada "zona de riqueza" é considerada um dos pontos mais importantes dentro da casa porque representa prosperidade, estabilidade financeira e crescimento material. Para a localizar facilmente, muitas tradições recomendam observar a planta geral da casa e posicionar-se mentalmente junto à porta principal. Se a casa tiver uma forma retangular ou quadrada, a área de riqueza está localizada ao fundo, à esquerda do plano, vista da entrada principal.

Esta área simboliza o fluxo de abundância e as oportunidades económicas dentro do agregado familiar. Segundo o FengShui, existe uma forte ligação entre o estado energético deste espaço e a situação financeira das pessoas que habitam a casa. Por isso, manter esta área limpa, ordenada e harmoniosa é considerado essencial para promover a prosperidade e a estabilidade.

Um dos princípios mais importantes relacionados com a zona de riqueza é evitar o acúmulo de objetos desnecessários. A desordem simboliza energia contida e obstáculos emocionais ou materiais. Manter coisas partidas, antigas ou inúteis pode representar apego ao passado e dificuldade em permitir que novas oportunidades entrem. Por essa razão, muitas tradições recomendam manter esta área limpa, organizada e livre de elementos associados ao abandono ou deterioração.

A iluminação também desempenha um papel importante neste espaço. A luz simboliza movimento, clareza e expansão energética. As lâmpadas de sal são especialmente recomendadas porque, para além de proporcionarem iluminação quente e relaxante, muitas pessoas acreditam que ajudam a purificar o ambiente e a equilibrar as energias da casa. O seu tom alaranjado transmite uma sensação de tranquilidade, bem-estar e estabilidade emocional.

As fontes de água são outro dos elementos tradicionalmente usados na área da riqueza. No FengShui, a água simboliza movimento, fluidez e circulação de abundância. Uma pequena fonte com água limpa e em movimento representa prosperidade constante e renovação económica. No entanto, a água deve ser sempre mantida limpa e a funcionar corretamente, pois a água parada simboliza bloqueios financeiros e energia interrompida.

Imagens relacionadas com prosperidade e abundância também ajudam a reforçar simbolicamente a energia desta área. Paisagens naturais harmoniosas, moedas antigas, árvores arborizadas, caminhos abertos, culturas, ouro ou qualquer representação visual associada ao bem-estar e crescimento podem ser usados para fortalecer emocionalmente a sensação de abundância dentro do lar.

As velas douradas ocupam um lugar especial nesta área devido ao seu profundo simbolismo relacionado com riqueza, sucesso e poder espiritual. A cor dourada representa prosperidade, triunfo e expansão material. Acender velas douradas dentro da zona de riqueza simboliza ativar a energia da abundância e atrair novas oportunidades económicas. Além disso, a chama da vela transmite uma sensação de movimento e renovação constante.

Algumas tradições também recomendam complementar este espaço com quartzo associado à prosperidade, como citrino, pirite, jade ou esmeralda. Estas pedras simbolizam crescimento, estabilidade e a abertura de caminhos económicos. Colocá-los nesta área da casa representa reforçar a intenção de atrair bem-estar e equilíbrio financeiro.

O cheiro do ambiente também é considerado importante. Incenso de canela, laranja, baunilha ou sândalo é frequentemente usado porque simboliza prosperidade, sucesso e harmonia emocional. Aromas agradáveis também ajudam a criar uma atmosfera mais relaxante e positiva, favorecendo uma melhor relação emocional com o espaço.

Para além das crenças espirituais, a ideia de cuidar da zona de riqueza também tem um importante efeito psicológico. Manter um espaço limpo, organizado e visualmente harmonioso cria uma sensação de controlo, clareza mental e bem-estar emocional. Quando uma pessoa vive rodeada de ordem e beleza, normalmente sente-se mais motivada, otimista e aberta a novas oportunidades.

A prosperidade não depende apenas de rituais ou símbolos materiais, mas estes elementos ajudam a criar ambientes emocionalmente mais positivos, focados no crescimento e estabilidade. Velas, plantas, iluminação e decoração também servem como lembretes constantes dos objetivos, desejos e aspirações de quem vive na casa.

Talvez seja por isso que tantas culturas desenvolveram práticas relacionadas com a abundância dentro do lar. Porque a casa sempre foi vista como o reflexo do mundo interior das pessoas. Quando há harmonia, ordem e equilíbrio no espaço onde vivemos, também é mais fácil construir tranquilidade emocional e projetar um sentido de prosperidade para o futuro.

Ritual para manter a pobreza longe de casa.

Precisa de:

- 1 placa de vidro

- 1 vela amarela grande

- Casca de uma cabeça de alho

- 11 Moedas em uso comum

- 1 Agulha de costura nova

- 1 Tesouras novas

Escreves na vela amarela, começando pela base, o teu nome completo e onze vezes o símbolo do dinheiro ($). Liga-a e coloca-a no recipiente de vidro. À sua volta coloca-se as moedas e as cascas da cabeça de alho. Ao realizar esta operação, repete na sua mente: "Obrigado por toda a opulência que já está a caminho da minha vida, acredito na abundância e removo todos os bloqueios da pobreza." Quando a vela é consumida, podes descartar os restos e as moedas podem ser gastas.

Ritual para Neutralizar Más Energias

Deverias ter uma foto tua com o teu parceiro onde ambos pareçam de corpo inteiro. Vais colocá-lo debaixo de uma pirâmide amarela. Esta pirâmide e a fotografia vão mantê-las assim para sempre, num lugar que não é visível só para si. Todos os meses, na fase da Lua Cheia, acendes duas velas, uma vermelha e uma azul, em frente à pirâmide com a foto por baixo.

Ritual para Ativar a Comunicação

Precisa de:

- Incenso de Canela

- 1 vela cor-de-rosa

- 1 vela azul

- 1 Vela Violeta

- Quadratura de Vénus

- 1 Quartzo lápis-lazúli

- 1 fotografia sua

- 1 fotografia do seu parceiro

- Pétalas de girassol

22	47	16	41	10	35	4
5	23	48	17	42	11	29
30	6	24	49	18	36	12
13	31	7	25	43	19	37
38	14	32	1	26	44	20
21	39	8	33	2	27	45
46	15	40	9	34	3	28

- Saquinho azul

Quadratura de Vénus.

Acendes o incenso e escreves no quadrado de Vénus os nomes dos dois e a seguinte invocação: "Kia korero koe, he maha nga korero mo o raatau taatau, ko te aroha tetahi ki tetahi, e hiahia ana koe ki te korero ki ahau, ka kitea, ka korerohia". Colocas as fotos umas sobre as outras, o quadrado de Vénus, as pétalas de girassol e o quartzo. Acendes as velas e colocas-mas em forma triangular à volta das fotos e dos outros componentes. Quando as velas estão acesas, colocas tudo dentro do saco azul e atiras-mo ao mar, repetindo o feitiço anterior.

A Arte da Adivinhação com Velas

A adivinhação com velas é uma das práticas esotéricas mais antigas relacionadas com a interpretação de símbolos, energias e sinais espirituais. Desde tempos antigos, diferentes culturas observaram que a chama de uma vela e as formas deixadas pela cera quando consumida pareciam transmitir mensagens difíceis de explicar racionalmente. Destas observações surgiram inúmeras técnicas de interpretação conhecidas no esoterismo como velomancia, uma arte adivinhadora baseada no comportamento do fogo e da cera durante os rituais.

Este sistema baseia-se principalmente numa dupla observação: a interpretação da chama e a análise das formas produzidas pela cera durante a fusão. De acordo com estas crenças, a vela atua como um canal simbólico capaz de refletir energias emocionais, espirituais e circunstâncias relacionadas com o passado, presente ou futuro da pessoa que realiza a cerimónia.

A chama representa movimento, energia e ligação espiritual, enquanto a cera simboliza materialização, emoções e mensagens ocultas do subconsciente. A combinação de ambos o elemento permite-nos interpretar sinais relacionados com decisões, conflitos, mudanças futuras, obstáculos ou respostas espirituais.

Um dos primeiros passos importantes antes de iniciar uma cerimónia de adivinhação com velas é escolher a vela principal certa. Tradicionalmente, recomenda-se usar uma vela cuja cor corresponda ao signo do zodíaco da pessoa que realizará o ritual ou com o propósito específico da consulta. Isto deve-se ao facto de cada cor ter uma vibração energética diferente e harmonizar-se com certas qualidades emocionais e espirituais.

Também é considerado importante realizar o ritual durante o dia, mais favorável à cor da vela utilizada. Dentro das tradições esotéricas, cada dia da semana está relacionado com certos planetas e energias específicas que ajudam a reforçar a ligação espiritual e a capacidade intuitiva durante a cerimónia.

Antes de iniciar a prática divinatória, deve ser realizada uma purificação energética do local escolhido. Este passo tem grande importância simbólica porque ajuda a limpar o ambiente de tensões, distrações ou energias negativas que podem interferir com a concentração e a perceção intuitiva.

Para efetuar esta limpeza espiritual, muitas tradições recomendam acender incenso e deixar o fumo fluir lentamente pelo espaço onde a cerimónia terá lugar. O incenso não só tem propriedades aromáticas relaxantes, como tem sido historicamente usado como elemento purificador e facilitador de estados meditativos e espirituais. Acredita-se que o seu aroma ajuda a elevar a sensibilidade psíquica e a promover a ligação com planos intuitivos mais profundos.

Após a purificação do ambiente, prepara-se a mesa cerimonial. Tradicionalmente, são colocadas quatro velas especiais chamadas velas cerimoniais, cada uma representando um dos pontos cardeais: norte, sul, este e oeste. Estas velas são geralmente douradas porque a cor dourada simboliza iluminação espiritual, sabedoria e ligação com forças superiores.

As quatro velas estão dispostas formando uma estrutura triangular ou geométrica em torno do espaço principal de trabalho. Dentro do simbolismo esotérico, esta disposição ajuda a criar um círculo de proteção e concentração energética. Representa também o equilíbrio entre as forças naturais e os vários aspetos da consciência humana.

A cor dourada das velas cerimoniais tem um significado especial dentro das práticas divinatórias. Simboliza clareza mental, expansão espiritual e abertura ao conhecimento oculto. Muitas correntes esotéricas consideram que as velas douradas fortalecem a ligação psíquica e ajudam a receber mensagens intuitivas de forma mais precisa.

Outro aspeto fundamental antes de iniciar o ritual é atingir um estado adequado de relaxamento físico e espiritual. A adivinhação com velas requer calma mental, concentração e sensibilidade emocional. Uma mente carregada de ansiedade, medo ou distrações dificilmente conseguirá interpretar claramente os símbolos e sinais que surgiram durante a cerimónia.

Por esta razão, muitas pessoas realizam exercícios de respiração, meditação ou momentos de silêncio antes de iniciar o ritual. O objetivo é acalmar a mente e permitir que a intuição flua mais livremente. O relaxamento também ajuda a aumentar a perceção de pequenos detalhes nas formas da chama, fumo ou cera que poderiam passar despercebidos num estado emocional alterado.

Uma vez relaxado, a pessoa deve concentrar profundamente a sua mente no propósito da cerimónia. Algumas tradições recomendam fazer perguntas específicas, enquanto outras preferem simplesmente focar a atenção num problema, numa preocupação ou numa situação que necessita de orientação espiritual.

Durante o ritual, a observação da chama assume um papel central. Uma chama alta e brilhante é frequentemente interpretada como símbolo de energia forte, respostas positivas e caminhos abertos. Uma chama fraca, instável ou apagada repetidamente pode representar dúvidas, bloqueios ou conflitos emocionais relacionados com a consulta realizada.

O movimento do fogo também tem múltiplas interpretações. Oscilações suaves podem simbolizar mudanças iminentes ou a presença de energias emocionais intensas, enquanto movimentos violentos ou súbitos podem ser interpretados como avisos ou sinais de tensão espiritual.

A cera, por outro lado, funciona como uma linguagem simbólica visual. As formas que aparecem quando derretem são cuidadosamente observadas para descobrir figuras, perfis, caminhos, animais, rostos ou símbolos relacionados com a situação consultada. Muitas vezes, estas imagens não estão completamente definidas e exigem uma interpretação intuitiva por parte da pessoa que realiza a cerimónia.

Dentro das tradições esotéricas, a interpretação correta depende não só do conhecimento técnico dos símbolos, mas também da sensibilidade emocional e da ligação intuitiva da pessoa com o ritual. Por isso, a concentração e a tranquilidade interior são consideradas tão importantes quanto a própria vela.

Para além das crenças sobrenaturais, a arte da adivinhação com velas pode também ser entendida como uma prática de introspeção e observação emocional. As formas de chama e cera funcionam frequentemente como estímulos simbólicos que ajudam o subconsciente a expressar pensamentos, emoções e preocupações profundas que normalmente permanecem ocultas.

Talvez seja por isso que a velomancia continua a despertar fascínio após tantos séculos. Porque a luz de uma vela tem algo profundamente hipnótico e misterioso que convida ao silêncio, à reflexão e à busca de respostas para além do visível. Na quietude da chama, muitas pessoas encontram não só símbolos espirituais, mas também um momento de ligação consigo mesmas e com as suas emoções mais profundas.

Cerimónia de Adivinhação com Velas

Uma vez preparado o local, o ambiente purificado e a mesa cerimonial organizada, a cerimónia de adivinhação à luz de velas começa propriamente dito. Este momento é considerado um dos mais importantes dentro do ritual, pois simboliza a abertura do canal espiritual e a ligação entre a mente consciente da pessoa e as forças intuitivas ou energias invisíveis que, segundo estas crenças, ajudam a revelar respostas e sinais relacionados com o passado, presente ou futuro.

A cerimónia deve decorrer num ambiente calmo, calmo e sem interrupções. A concentração e o estado emocional da pessoa são fundamentais, pois a interpretação da chama e da cera depende em grande parte da sensibilidade intuitiva e da capacidade de observação espiritual da pessoa que realiza o ritual.

O primeiro passo é acender as quatro velas cerimoniais usando um fósforo de madeira. Dentro das tradições esotéricas, a madeira simboliza a ligação natural com o elemento fogo e representa uma forma mais pura e harmoniosa de ativar a energia das velas. Por esta razão, muitas correntes espirituais recomendam evitar isqueiros eletrónicos ou outros objetos artificiais durante as cerimónias de adivinhação.

As velas devem ser acesas numa ordem específica. Começa com a vela localizada a norte e depois continua no sentido dos ponteiros do relógio. Este movimento circular simboliza continuidade, equilíbrio e fluxo natural de energias universais. Além disso, representa a jornada simbólica dos ciclos da natureza e o constante movimento do tempo e das forças espirituais.

Cada uma das quatro velas cerimoniais representa um dos elementos fundamentais da natureza: fogo, terra, água e ar. Dentro das tradições esotéricas, estes elementos simbolizam as forças básicas que regem o universo e também diferentes aspetos da personalidade humana e da vida espiritual.

O fogo representa energia, transformação e vontade. A terra simboliza estabilidade, realidade, material e firmeza emocional. A água está relacionada com emoções, intuição e sensibilidade espiritual. O ar simboliza pensamento, comunicação e movimento mental. A união destes quatro elementos durante a cerimónia procura criar equilíbrio energético e promover a clareza intuitiva necessária para a adivinhação.

Depois de acesas as quatro velas, a pessoa deve pronunciar uma invocação destinada a solicitar assistência espiritual e clareza na resposta que deseja obter. Tradicionalmente, é recitada a seguinte frase:

"Que o poder destas velas, símbolo dos elementos fogo, terra, água e ar, me ajude a encontrar a resposta à pergunta que coloquei."

Esta invocação tem um significado simbólico profundo. A pessoa reconhece o fogo das velas como representando as forças naturais e espirituais que, segundo estas crenças, ajudam a iluminar aquilo que permanece oculto ou incerto. O ato de verbalizar o pedido também ajuda psicologicamente a focar a mente e a concentrar a intenção na consulta feita.

Após a invocação, a pergunta deve ser feita quatro vezes, deixando intervalos de aproximadamente vinte segundos entre cada repetição. O número quatro simboliza estabilidade, equilíbrio e ligação com os quatro pontos cardeais e os quatro elementos da natureza. Repetir a pergunta várias vezes também ajuda a fortalecer a concentração mental e a direcionar totalmente a atenção para o propósito da cerimónia.

Durante estes breves intervalos de silêncio, a pessoa deve manter a mente focada apenas na pergunta colocada, evitando distrações ou pensamentos alheios ao ritual. Muitas tradições consideram que o silêncio entre cada repetição permite que a energia espiritual se estabilize e favorece a abertura intuitiva necessária para receber sinais ou respostas.

Depois de concluídas as quatro repetições da pergunta, a vela central é acesa. Esta vela deve ter a cor correspondente ao signo do zodíaco da pessoa ou ao propósito específico da consulta. A vela central representa a ligação pessoal entre o artista e as forças espirituais ou intuitivas invocadas durante a cerimónia.

A posição central desta vela simboliza também o coração energético do ritual. Enquanto as quatro velas exteriores representam os elementos e o equilíbrio universal, a vela central representa a consciência, a vontade e a energia interior da pessoa que procura orientação ou respostas.

A partir deste momento, começa a observação silenciosa da chama e do comportamento da cera. A intensidade do fogo, o movimento da chama, o fumo, as formas deixadas pela cera e qualquer detalhe invulgar são interpretados como sinais simbólicos relacionados com a pergunta colocada.

Uma chama forte e estável é frequentemente interpretada como um sinal favorável e símbolo de clareza espiritual. Uma chama fraca, hesitante ou instável pode representar dúvidas, obstáculos ou situações emocionais complexas relacionadas com a consulta. Faíscas, movimentos súbitos ou mudanças inesperadas na combustão também têm interpretações específicas dentro da arte divinatória.

As formas da cera também são de grande importância. Rostos, caminhos, figuras geométricas, animais ou símbolos acidentalmente formados pela cera derretida são cuidadosamente observados em busca de mensagens intuitivas. Muitas vezes, estas imagens não estão completamente definidas e requerem sensibilidade e concentração para serem interpretadas corretamente.

A cerimónia de adivinhação com velas não procura apenas prever o futuro de forma absoluta. Em muitas tradições, o seu verdadeiro propósito é ajudar a pessoa a refletir, a conectar-se com a sua intuição e a compreender melhor as energias emocionais e espirituais relacionadas com uma dada situação.

Para além das crenças esotéricas, o ritual funciona também como um exercício profundo de introspeção e concentração. A luz das velas, o silêncio e a observação atenta geram um estado mental semelhante à meditação, onde o subconsciente pode expressar pensamentos, emoções e preocupações que normalmente permanecem escondidos sob o ruído do dia a dia.

Talvez seja por isso que a arte da adivinhação com velas sobreviveu durante tantos séculos. Porque, no fundo, para além da magia ou dos símbolos, as pessoas sempre procuraram respostas, orientação e esperança perante as incertezas da vida. E poucas imagens são tão misteriosas e fascinantes como a de uma chama silenciosa a mover-se lentamente na escuridão.

Interpretação da Chama na Adivinhação com Velas

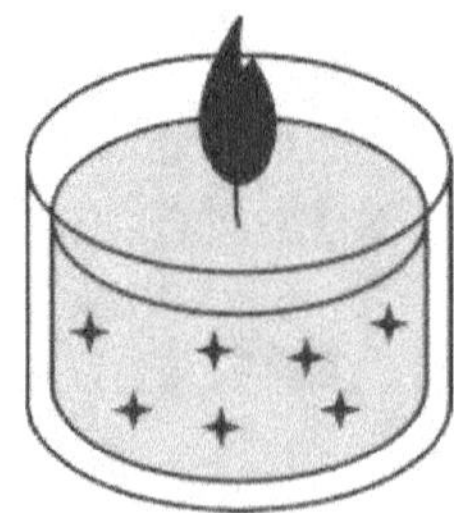

Este sistema de adivinhação baseia-se principalmente na análise da chama da vela e das formas que assume após ser acesa. Desde tempos antigos, muitas culturas observaram que o fogo parece reagir de formas diferentes dependendo do ambiente emocional, da concentração da pessoa e do tipo de energia que envolve o ritual. Destas observações emergiram inúmeras práticas espirituais onde a chama é interpretada como uma linguagem simbólica capaz de transmitir sinais, avisos ou respostas relacionadas com questões importantes.

A chama de uma vela possui um movimento vivo, mutável e profundamente hipnótico. Precisamente por esta razão, o estado mental da pessoa que realiza a cerimónia é fundamental. Se a pessoa olhar demasiado tempo para a chama sem concentração ou preparação emocional, o subconsciente pode começar a projetar imagens, formas ou figuras mais influenciadas pela imaginação do que pela intuição espiritual.

O movimento natural do fogo pode sugerir rostos, silhuetas ou cenas que muitas vezes nascem de pensamentos ocultos, memórias, medos ou desejos internos. Por esta razão, nas práticas de adivinhação com velas, insiste-se a importância da calma mental e do equilíbrio emocional antes de iniciar qualquer interpretação.

Observar a chama não deve ser feito por ansiedade ou obsessão em obter respostas imediatas. A mente alterada tende a criar interpretações confusas e exageradas. O verdadeiro propósito do ritual é alcançar um estado de tranquilidade e concentração que permita que os sinais sejam observados de forma serena e objetiva.

Antes de iniciar a cerimónia, é aconselhável libertar as preocupações diárias e reduzir ao máximo as tensões emocionais. Muitas tradições consideram que as emoções negativas, o medo ou o excesso de pensamento interferem com a sensibilidade intuitiva e dificultam a interpretação correta da chama.

Para alcançar este estado de relaxamento, são geralmente realizados exercícios de respiração profunda e lenta. Não é necessário realizar longas meditações; Aproximadamente três minutos de respiração consciente são suficientes para abrandar o ritmo mental e preparar o corpo e a mente para a cerimónia. Durante esses minutos, a pessoa deve tentar respirar devagar, relaxando os músculos e deixando as preocupações perder intensidade.

O objetivo não é "esvaziar" completamente a mente, o que é praticamente impossível, mas alcançar um estado de serenidade interior onde os pensamentos diminuem e a concentração pode ser totalmente direcionada para o ritual. O silêncio, a luz ténue e uma atmosfera calma ajudam enormemente a promover este estado emocional.

Assim que se atinge um certo relaxamento, a vela é acesa. O ato de a acender simboliza a abertura do espaço espiritual e a ativação da ligação entre a consciência da pessoa e as energias relacionadas com a consulta que deseja fazer. Muitas tradições recomendam fazê-lo devagar e com total atenção, evitando movimentos bruscos ou distrações.

Depois de acender a vela, a pessoa deve fechar os olhos por alguns momentos. Este momento representa introspeção e profunda concentração na questão ou situação que pretende consultar. Antes de colocar a pergunta em voz alta, é aconselhável visualizar mentalmente o tema sobre o qual se procura orientação.

A pergunta deve ser repetida quatro vezes, deixando intervalos de aproximadamente vinte segundos entre cada repetição. O número quatro tem um forte simbolismo esotérico relacionado com a estabilidade, o equilíbrio e a ligação com os quatro elementos da natureza e os quatro pontos cardeais. Repetir a pergunta várias vezes também ajuda a reforçar a intenção mental e a focar totalmente a energia emocional no propósito do ritual.

Durante estes intervalos de silêncio, a pessoa deve manter os olhos fechados e concentrar-se apenas na pergunta colocada. É importante não pensar em possíveis respostas nem tentar controlar mentalmente o resultado. A ideia é permitir que a intuição e a sensibilidade emocional permaneçam abertas e recetivas.

Depois de fazeres a pergunta pela quarta vez, abres lentamente os olhos e observas a chama durante alguns segundos. A atenção deve ser direcionada tanto para a forma da chama como para os seus movimentos, intensidade, estabilidade e coloração. Cada pequeno detalhe pode assumir um significado simbólico dentro da performance.

Uma chama alta e brilhante é frequentemente interpretada como sinal de energia forte, clareza espiritual e caminhos abertos. Representa respostas positivas, força emocional e possibilidades favoráveis relacionadas com a pergunta colocada. Também pode simbolizar a presença de energias protetoras e uma boa disposição espiritual em torno do ritual.

Se a chama parecer pequena, fraca ou instável, muitas tradições interpretam-na como um sinal de dúvidas, obstáculos emocionais ou dificuldades relacionadas com a situação em questão. Uma chama que parece estar constantemente extinta pode simbolizar exaustão energética ou falta de clareza relativamente ao objetivo proposto.

Quando a chama oscila suavemente ou se move sem razão aparente, é geralmente interpretada como um anúncio de mudanças iminentes ou a presença de energias emocionais intensas no escritório. Em alguns casos, movimentos súbitos ou violentos da chama são considerados avisos relacionados com conflitos, tensões ou situações ainda instáveis.

O fumo também pode fazer parte do espetáculo. Um fumo leve e limpo geralmente simboliza clareza e libertação emocional, enquanto um fumo escuro ou excessivo pode representar dúvidas, bloqueios ou interferências energéticas dentro do ritual.

É importante lembrar que a interpretação da chama não deve ser tomada de forma absoluta ou literal. A adivinhação com velas funciona principalmente através de símbolos e associações intuitivas. Muitas vezes as respostas não aparecem diretamente, mas sim como sensações, imagens ou impressões emocionais que a pessoa deve analisar calmamente e de forma reflexiva.

Para além das crenças esotéricas, este tipo de cerimónia também funciona como um exercício de profunda introspeção. A observação do fogo favorece estados de concentração e relaxamento semelhantes à meditação. A chama atua como um ponto de foco capaz de ajudar o subconsciente a expressar pensamentos, emoções e preocupações ocultas.

Talvez seja por isso que o fogo fascina os seres humanos desde o início da história. Porque no movimento imprevisível de uma chama as pessoas encontram mistério, silêncio e a sensação de que, por um instante, o universo parece querer responder ao que guardamos nas profundezas das nossas mentes e corações.

Interpretação da Chama e dos seus Sinais na Adivinhação com Velas

A interpretação da chama de uma vela faz parte de um dos métodos mais antigos de adivinhação e observação simbólica dentro das práticas esotéricas. No entanto, é importante compreender que não existe um único significado absoluto para cada movimento de fogo. As respostas podem variar consoante o estado emocional da pessoa, o ambiente onde o ritual é realizado, a intenção da pergunta e a sensibilidade intuitiva de quem interpreta os sinais.

Por esta razão, nenhum guia pode conter todas as respostas possíveis, pois existem tantas interpretações quanto perguntas que podem ser feitas. Os sinais oferecidos pela chama funcionam mais como orientações simbólicas do que como verdades definitivas. O importante é aprender a observar com calma, desenvolver sensibilidade intuitiva e compreender o contexto emocional e espiritual de cada cerimónia.

Um dos fenómenos mais marcantes é o aumento súbito da luz da chama. Quando a chama se intensifica subitamente e adquire um brilho forte e inesperado, muitas tradições consideram-na um aviso de desequilíbrio energético ou situações que podem não evoluir favoravelmente. Este tipo de sinal é geralmente

interpretado como um aviso relacionado com projetos
inadequados, decisões precipitadas ou caminhos que exigem
reconsideração antes de avançar. Também pode representar
conflitos ou perigos ocultos que ainda não vieram totalmente à
tona.

O chiar da vela sem a presença de faíscas é outro sinal
tradicionalmente observado durante os rituais. Quando a vela
produz pequenos sons secos ou estalidos suaves, é interpretada
como um indicativo de dificuldades ou tensões futuras
relacionadas com a questão colocada. Normalmente simboliza
obstáculos, discussões ou preocupações que podem surgir pelo
caminho. Em alguns casos, também representa exaustão
emocional ou situações que geram pressão psicológica.

Quando a vela começa a faiscar, o significado está
frequentemente associado à confusão, erros e atrasos
inesperados. Faíscas simbolizam energia dispersa e falta de
clareza. De acordo com estas crenças, este fenómeno pode
alertar sobre mal-entendidos, decisões erradas ou pessoas que
interferem negativamente em projetos e compromissos
importantes. Também pode sinalizar distrações emocionais que
dificultam avançar de forma estável.

O desaparecimento súbito da chama é considerado um dos sinais mais fortes e delicados dentro da adivinhação com velas. Quando a chama é subitamente extinta sem causa óbvia, muitas tradições interpretam-na como um símbolo de problemas graves, perigos, acidentes ou grandes adversidades. Este sinal representa interrupções energéticas e situações que podem alterar profundamente o equilíbrio emocional ou material da pessoa que consulta.

Se a chama está constantemente a mover-se da direita para a esquerda, normalmente é interpretado como sinal de má sorte ou dificuldades relacionadas com planos futuros. Este movimento simboliza retrocessos, bloqueios e conflitos emocionais, especialmente em questões relacionadas com amor, relações pessoais ou projetos que não se consolidam. Também pode representar dúvidas internas ou resistência a mudanças necessárias.

Por outro lado, quando a chama se move suavemente da esquerda para a direita, muitas tradições consideram-na um sinal favorável. Este movimento simboliza progresso, a abertura de caminhos e a chegada de boas notícias. Representa a harmonia entre a energia do ritual e os desejos da pessoa, indicando possibilidades positivas relacionadas com o futuro próximo.

As chamas que se movem em padrão ziguezague têm uma interpretação mais complexa. Este movimento irregular está frequentemente associado a projetos interrompidos, mudanças inesperadas ou situações que não evoluirão como esperado. Também pode simbolizar traições, desilusões ou conflitos causados por pessoas próximas de si. Dentro das crenças esotéricas, o ziguezague representa instabilidade emocional e dificuldades em manter a clareza no caminho escolhido.

Quando uma pequena luz brilhante aparece no pavio da vela, é geralmente considerada um símbolo muito positivo. Esta pequena luminosidade representa sucesso, prosperidade e crescimento económico. Muitas tradições interpretam-no como um sinal de boa sorte nos negócios, estabilidade material e oportunidades favoráveis relacionadas com dinheiro ou trabalho.

A ascensão súbita da chama é outro sinal considerado altamente benéfico. Quando a chama cresce rapidamente e verticalmente, simboliza expansão energética, sucesso e fortalecimento emocional. Este sinal está geralmente relacionado com prosperidade, sucessos em projetos importantes e avanços positivos tanto em questões económicas como sentimentais.

No entanto, quando a chama sobe subitamente e depois desce abruptamente, a interpretação muda consideravelmente. Este movimento representa um desequilíbrio e está geralmente associado a problemas familiares, tensões emocionais ou situações relacionadas com doenças e preocupações no ambiente imediato. Simboliza instabilidade e a necessidade de prestar atenção aos aspetos emocionais que podem estar a ser ignorados.

A aparência de vários pontos de luz no pavio tem um simbolismo profundamente espiritual. Muitas tradições interpretam este sinal como o início de uma nova fase da vida. Representa renovação, mudanças importantes e abertura a novas experiências. Também pode simbolizar o despertar emocional, o crescimento interior e a transformação pessoal.

É importante lembrar que todos estes símbolos devem ser interpretados de forma flexível e ponderada. A chama de uma vela é naturalmente influenciada pelo ar, pela temperatura e pelas condições físicas do ambiente. Por isso, nas práticas sérias da adivinhação, insiste-se em observar não só o movimento físico do fogo, mas também as sensações intuitivas e emocionais que acompanham cada sinal.

A interpretação correta requer calma, concentração e honestidade emocional. Muitas vezes, as respostas que aparecem durante o ritual refletem mais o estado interior da pessoa do que os acontecimentos inevitáveis do futuro. A vela funciona como um espelho simbólico onde se projetam medos, desejos, dúvidas e esperanças.

Para além das crenças esotéricas, observar uma chama em silêncio produz um estado de profunda introspeção que permite conectar-se com pensamentos e emoções normalmente escondidos sob as preocupações do dia a dia. O fogo ajuda a focar a mente e favorece momentos de reflexão onde a intuição pode ser expressa de forma mais clara.

Talvez seja por isso que a adivinhação com velas continua a fascinar tantas pessoas. Porque no movimento imprevisível da chama, o ser humano encontra símbolos, respostas e a sensação de que existe uma linguagem misteriosa capaz de falar diretamente às emoções e às questões mais profundas da alma.

Interpretação da Cera na Adivinhação com Velas

Este sistema de adivinhação baseia-se na interpretação das formas que a cera assume quando, após a vela ser acesa, começa a deslizar lentamente para o fundo. Nas práticas esotéricas, a cera é considerada um elemento profundamente simbólico porque representa a materialização das energias e emoções que rodeiam a questão colocada durante o ritual.

Ao contrário da chama, cujo movimento é mutável e momentâneo, a cera tem a vantagem de preservar a sua forma depois de solidificada. Isto permite-lhe observá-lo calmamente e analisar cuidadosamente as formas, trajetórias e marcas que deixa após a queda. Muitas pessoas acham este sistema mais simples e acessível precisamente porque oferece mais tempo para interpretar os símbolos sem a pressão do movimento constante do fogo.

Observar a cera exige atenção tanto à forma como ao local onde cai e como se move. Cada detalhe tem um significado simbólico diferente dentro do ritual. O lado por onde desce, a velocidade da queda, as pausas que faz e as formas que cria são interpretados como mensagens relacionadas com a pergunta colocada.

Antes de iniciar a atuação, é importante alcançar um estado de calma e concentração. A pessoa deve concentrar-se profundamente na pergunta que deseja colocar e evitar distrações ou pensamentos estranhos ao propósito do ritual. O foco emocional ajuda a tornar a observação mais intuitiva e precisa.

Uma vez mentalmente preparado, a pessoa abre os olhos e faz a pergunta em voz alta apenas uma vez. A partir desse momento, deve observar cuidadosamente o comportamento da cera: como ela cai, para que lado vai, se se divide, une, para ou forma figuras específicas. De acordo com estas crenças, a resposta começa a manifestar-se imediatamente no movimento e na forma da cera derretida.

Quando uma gota de cera cai rapidamente em direção à base da vela, é frequentemente interpretada como um símbolo de desenvolvimentos positivos e eventos benéficos que virão em breve. A velocidade da descida representa movimento, abertura de caminhos e soluções que avançam sem demasiados obstáculos. É geralmente considerado um sinal favorável relacionado com mudanças rápidas e oportunidades inesperadas.

Se durante a queda uma grande queda se bifurca ou se divide em dois caminhos, o significado é geralmente positivo. Esta figura simboliza crescimento, expansão e a abertura de novas possibilidades. Também pode representar decisões importantes que, em última análise, conduzirão a resultados benéficos. Em alguns casos, esta bifurcação indica que surgirão várias alternativas favoráveis relacionadas com a situação consultada.

Quando uma única gota desce claramente pelo lado direito da vela, é interpretada como um sinal de liquidação firme e favorável. O lado direito simboliza ação, progressão e resolução eficaz de problemas. Este outono normalmente traz respostas positivas, clareza nas decisões e a capacidade de ultrapassar dificuldades com sucesso.

Por outro lado, se a queda cair apenas do lado esquerdo, a interpretação muda consideravelmente. O lado esquerdo está frequentemente associado a atrasos, incerteza e obstáculos emocionais. Este sinal indica que as soluções podem demorar a chegar ou que a resposta à pergunta colocada não será totalmente favorável. Também pode simbolizar dúvidas internas ou a necessidade de maior paciência numa determinada situação.

Quando a gota muda de direção durante a queda, movendo-se de forma irregular ou inesperada, o significado geralmente está relacionado com confusão e instabilidade. Este movimento representa um futuro incerto, situações ambíguas ou caminhos que ainda não estão definidos. Também pode simbolizar mudanças inesperadas, dificuldades na tomada de decisões ou atrasos prolongados na resolução de problemas importantes.

As múltiplas gotas também possuem interpretações específicas. Quando várias gotas descem e acabam por se unir, formando uma única gota maior, o significado dependerá do lado em que isso acontece. Se a união ocorrer do lado direito, é considerada um sinal positivo relacionado com ajuda externa, apoio emocional ou colaboração importante para resolver aquilo que preocupa a pessoa.

Por outro lado, se as gotas se unirem do lado esquerdo, a interpretação indica que a pessoa terá de resolver sozinha os problemas relacionados com a questão colocada. Simboliza responsabilidade pessoal, esforço individual e a necessidade de agir sem esperar demasiado apoio externo.

Há também casos em que as gotas descem, mas antes de chegarem à base da vela param brevemente e juntam-se a outras gotas acumuladas pelo caminho. Este fenómeno é geralmente interpretado como um sinal muito favorável. Representa soluções rápidas, estabilidade e resolução positiva de questões pendentes. As pausas simbolizam momentos de reflexão necessários antes de finalmente alcançar um resultado benéfico.

Por outro lado, quando as gotas conseguem chegar à base da vela, mas fazem múltiplas pausas ou interrupções durante a viagem, o significado muda para uma previsão menos favorável. Estas pausas representam obstáculos, atrasos e dificuldades persistentes. A solução existe, mas o caminho para a alcançar será complicado e exigirá paciência, esforço e perseverança emocional.

Para além das interpretações tradicionais, a observação da cera tem também uma dimensão profundamente psicológica e intuitiva. Formas e movimentos ajudam a estimular a imaginação simbólica e permitem ao subconsciente projetar emoções, preocupações e pensamentos ocultos. Muitas vezes, as respostas que a pessoa encontra durante o ritual vêm mais da sua própria intuição interior do que de uma força externa ou sobrenatural.

A cera funciona como um espelho simbólico onde a mente interpreta padrões e formas relacionados com o estado emocional do momento. É por isso que a calma mental e a honestidade emocional são tão importantes durante este tipo de cerimónias.

A adivinhação com velas não procura oferecer certezas sobre o futuro, mas servir como ferramenta de reflexão, introspeção e orientação espiritual. Os sinais de cera representam possibilidades, tendências e estados emocionais relacionados com as questões que dizem respeito à pessoa.

Talvez seja por isso que esta arte permaneceu viva durante tantos séculos. Porque no movimento lento da cera a derreter, as pessoas encontram algo profundamente humano: a necessidade de procurar sentido, respostas e esperança perante as incertezas da vida.

O que fazer depois de um Ritual? Paciência e Responsabilidade nos Rituais à Luz de Velas

Após realizar um ritual, é importante manter-se calmo, paciente e emocionalmente equilibrado. Dentro das tradições esotéricas, nenhuma obra de magia, bruxaria, ocultismo ou encantamento age imediatamente ou transforma a realidade de um momento para o outro. As cerimónias à luz de velas são consideradas ferramentas simbólicas e espirituais que ajudam a mobilizar energias, fortalecer a intenção e a concentração, mas os resultados desenvolvem-se frequentemente gradualmente e muitas vezes de formas inesperadas.

Um dos erros mais comuns é obcecar com o resultado imediatamente após terminar o ritual. Ansiedade, desespero e a necessidade constante de sinais rápidos podem levar à frustração e bloquear emocionalmente a pessoa. Muitas correntes espirituais ensinam que, uma vez terminada a cerimónia, o mais importante é confiar, manter pensamentos positivos e permitir que as situações evoluam naturalmente.

Também é importante compreender que as mudanças produzidas após um ritual nem sempre ocorrem exatamente da forma que a pessoa imaginou. Por vezes, certas situações inesperadas começam a acontecer como parte do processo de transformação. Alguns podem parecer estranhos ou confusos à primeira vista, mas não representam necessariamente algo negativo. Muitas vezes, as mudanças necessárias para alcançar equilíbrio, crescimento ou soluções envolvem primeiro a quebra de estruturas, hábitos ou circunstâncias que já não eram favoráveis.

Por esta razão, as tradições esotéricas recomendam manter uma atitude aberta e positiva após qualquer trabalho espiritual. O medo constante ou a interpretação negativa de cada evento podem afetar emocionalmente a pessoa e fazer com que perca a clareza quanto aos seus verdadeiros objetivos.

Os rituais devem ser sempre acompanhados por ações concretas que apoiem o que se deseja alcançar. A magia sozinha não substitui o esforço humano, a responsabilidade ou as decisões conscientes. As velas simbolizam energia, intenção e direção espiritual, mas é a pessoa que deve agir para construir as mudanças que deseja na sua vida.

Se alguém realiza rituais relacionados com a prosperidade económica, deve também esforçar-se por organizar melhor as suas finanças, trabalhar para alcançar os seus objetivos e aproveitar as oportunidades que surgem. Se o ritual estiver relacionado com amor ou reconciliação, será também necessário melhorar a comunicação, curar conflitos emocionais e agir com maturidade nas relações pessoais.

As cerimónias espirituais funcionam como apoio emocional e energético, ajudando a fortalecer a confiança, o foco e a determinação. No entanto, a verdadeira mudança ocorre quando a intenção espiritual é combinada com ações reais e responsáveis na vida quotidiana.

Muitas pessoas também descobrem que os rituais produzem principalmente transformações internas. Através deles, aprendem a desenvolver paciência, introspeção, disciplina emocional e ligação consigo próprios. A vela, para além de qualquer poder sobrenatural, funciona frequentemente como símbolo de esperança e um lembrete constante dos objetivos pessoais.

A experiência também desempenha um papel importante nas práticas esotéricas. Quanto mais rituais uma pessoa realiza, maior a sensibilidade desenvolve para compreender quais elementos, métodos ou cerimónias geram maior ligação emocional e espiritual. Cada indivíduo experimenta os rituais de forma diferente e aprende gradualmente a interpretar as suas próprias experiências, intuições e emoções.

Com o tempo, muitas pessoas descobrem que alguns rituais as ajudam principalmente a relaxar, concentrar-se e clarear os pensamentos, enquanto outros fortalecem a confiança ou lhes permitem passar por momentos difíceis com maior serenidade. A prática constante desenvolve a observação, a intuição e a capacidade de reflexão interior.

No entanto, as tradições mais sérias alertam sempre para a importância de manter o equilíbrio e evitar cair em dependência emocional dos rituais. As velas não devem ser um substituto da responsabilidade pessoal nem uma forma de escapar aos verdadeiros problemas da vida. O objetivo do trabalho espiritual deve ser fortalecer a pessoa e não a tornar incapaz de agir sem recorrer constantemente a cerimónias ou feitiços.

Pensar positivamente após um ritual não significa ignorar a realidade ou esperar milagres instantâneos. Significa manter a esperança, a confiança e a vontade de agir quando surgem oportunidades ou grandes mudanças. A energia simbólica do ritual ajuda a focar a mente no que se quer construir, mas o verdadeiro poder continua a estar nas decisões e ações de cada pessoa.

Talvez seja por isso que as velas acompanham os seres humanos há tantos séculos. Porque a sua chama representa algo profundamente humano: a necessidade de manter a esperança viva mesmo quando as respostas não chegam imediatamente. A vela ensina paciência, perseverança e confiança nos processos de transformação, lembrando-nos que muitas vezes as mudanças mais importantes começam lentamente, quase silenciosamente, como uma pequena chama a iluminar a escuridão.

Velas Ritualizadas e as Suas Formas Simbólicas

No mundo esotérico e nas práticas espirituais relacionadas com a magia das velas, não só a cor tem importância simbólica. A forma da vela também representa uma intenção específica e uma certa energia. Desde tempos antigos, começaram a ser feitas velas com figuras e símbolos relacionados com o amor, proteção, justiça, prosperidade, purificação espiritual e transformação emocional. Cada forma funciona como uma representação visual do objetivo que deseja trabalhar durante o ritual.

Estas velas ritualizadas são principalmente usadas para reforçar a intenção mental e emocional da pessoa que realiza a cerimónia. A figura da vela ajuda a concentrar a energia simbólica do ritual e facilita a ligação psicológica e espiritual com o propósito desejado. Muitas vezes, o simples ato de observar uma figura relacionada com o pedido fortalece a concentração e a clareza emocional da pessoa.

> As velas de Adão e Eva são provavelmente das mais conhecidas dentro dos rituais de amor. São compostos por duas figuras humanas unidas, geralmente uma azul e outra cor-de-rosa, simbolizando a união de um casal. Estas velas são usadas para pedir reconciliações, fortalecer laços sentimentais e promover uma harmonia amorosa. Representam a união emocional, a ligação íntima e o desejo de estabilidade emocional entre duas pessoas.

> As Velas de Caixão têm um simbolismo muito mais intenso e delicado. Tradicionalmente, são usados para fechar ciclos, eliminar problemas persistentes ou simbolizar o fim definitivo de situações negativas. Em algumas correntes esotéricas, também são usados simbolicamente para afastar inimigos ou cortar laços prejudiciais. O caixão representa transformação, encerramento e conclusão de etapas difíceis.

> As velas de Buda estão relacionadas com a prosperidade, sabedoria e abundância material. São frequentemente usados em rituais destinados a atrair dinheiro e estabilidade económica. Tradicionalmente, são colocados em frente a um prato com moedas e água, elementos que

simbolizam riqueza e circulação de energia. A figura de Buda representa a tranquilidade espiritual e a harmonia entre o bem-estar material e a paz interior.

➢ As Velas de Caveira simbolizam libertação, transformação e superação de obstáculos difíceis. São usados em rituais destinados a quebrar maus períodos, superar situações negativas ou deixar para trás períodos complicados. O crânio representa simbolicamente o confronto com os medos e a capacidade de renascer após dificuldades.

➢ As Velas de Sapatos estão relacionadas com os chamados "abridores de caminho". O sapato simboliza progresso, movimento e progresso pessoal. Estas velas são usadas para promover oportunidades de emprego, crescimento económico, viagens ou qualquer situação em que a pessoa precise de avançar e ultrapassar bloqueios que a impedem de progredir.

➢ As Velas do Coração são principalmente usadas em rituais relacionados com o amor, a reconciliação e a harmonia emocional. Simbolizam sentimentos, sensibilidade e união afetiva. Muitas pessoas utilizam-nos para suavizar conflitos sentimentais, fortalecer relações ou atrair estabilidade amorosa e carinho sincero.

➢ As Três Velas Macaco têm um simbolismo mais complexo e controverso. Tradicionalmente, estão relacionadas com trabalhos destinados a gerar confusão, conflitos mentais ou a retribuir danos emocionais a pessoas consideradas responsáveis pelo sofrimento ou traição. Em muitas correntes espirituais modernas, recomenda-se cautela relativamente ao uso de rituais relacionados com a vingança ou manipulação de energia negativa.

➢ As Velas do Diabo representam uma das figuras mais intensas dentro de certas práticas esotéricas. Historicamente, eram usados em rituais relacionados com a dominação, destruição simbólica de inimigos ou obras consideradas magia agressiva. Estas velas estão frequentemente associadas a práticas sombrias e controversas que muitas tradições espirituais aconselham a evitar devido à sua forte carga emocional e simbólica.

➢ As Velas da Espada simbolizam cortar, proteger e eliminar a negatividade. São usados para quebrar energias nocivas, cortar influências negativas ou neutralizar obras espirituais consideradas prejudiciais. A espada representa força, justiça e a capacidade de se defender em situações difíceis.

➢ A Vela do Machado tem um significado semelhante ao da espada, mas associado à força extrema e à quebra definitiva de obstáculos ou negatividades. É especialmente utilizado em trabalhos relacionados com justiça, proteção e eliminação de energias negativas persistentes.

➢ As Velas de Cobra representam transformação, defesa e neutralização de ataques emocionais ou energéticos. A cobra simboliza sabedoria, renovação e a capacidade de se proteger de pessoas que, consciente ou inconscientemente, enviam negatividade.

➢ As velas oculares são especificamente usadas para contrariar o mau-olhado e proteger contra inveja ou energias negativas dirigidas a uma pessoa. O olho simboliza vigilância, perceção e proteção espiritual.

➢ As Velas de Pomba representam paz, esperança e proteção divina. São usados em momentos de desespero, conflitos familiares ou situações emocionalmente difíceis, onde se procura tranquilidade e uma saída para problemas complexos.

➢ Velas em forma de órgão genital masculino têm
significados diferentes dependendo da cor utilizada. Em
branco, simbolizam o corte de laços ou a libertação
emocional. Em vermelho, representam paixão, ligação
física e o fortalecimento das relações íntimas. Em preto,
são usados simbolicamente para afastar pessoas
consideradas prejudiciais ou invasivas em relações
amorosas.

➢ As Velas Pirâmide simbolizam a ligação com energias
universais, estabilidade e concentração espiritual. A figura
piramidal representa força, elevação energética e a
capacidade de atrair equilíbrio e harmonia a partir de
planos superiores.

➢ As velas de punho representam força, resistência e
determinação. São usados para reforçar pedidos
relacionados com coragem, perseverança e a capacidade
de ultrapassar obstáculos sem desistir.

➢ As velas de rã estão principalmente relacionadas com
fofocas, fofocas e conflitos sociais. Dependendo da cor,
podem ser usados para melhorar relações, evitar feedback
negativo ou proteger a reputação de uma pessoa. A
tradição indica escrever o nome relacionado com o ritual
e colocá-lo dentro da figura antes de a acender.

➤ As Velas do Sol simbolizam a abertura de caminhos, clareza e superação de obstáculos. O sol representa sucesso, energia vital e crescimento pessoal. São usados para atrair novas oportunidades e fortalecer projetos importantes.

➤ As Velas-Chave representam situações de abertura e fecho. Simbolizam o acesso a novas oportunidades, soluções e o desbloqueio de caminhos emocionais, económicos ou espirituais.

➤ A Vela da Lua está profundamente relacionada com a intuição, sensibilidade, amor e criatividade. É usado para fortalecer emoções positivas, desenvolver a imaginação e promover resultados harmoniosos derivados do esforço pessoal.

➤ As Velas Tesoura representam o corte e a libertação. Dependendo da cor, podem ser usadas para quebrar negatividades, fortalecer emocionalmente uma pessoa ou eliminar energias nocivas acumuladas em torno de determinada situação.

➤ As Velas do Anjo simbolizam proteção espiritual, paz interior e harmonia. Muitas pessoas utilizam-nas em tempos difíceis ou quando precisam de tranquilidade emocional e de um sentido de acompanhamento espiritual.

➤ As Velas de Maçã Vermelha estão relacionadas com o amor duradouro, a união sentimental e o fortalecimento emocional dentro dos casais. A maçã simboliza desejo, amor e fertilidade emocional.

➤ A Lemon Velas representa a purificação e o desbloqueio de energia. É usado em rituais destinados a eliminar a estagnação, abrir caminhos e mobilizar situações que parecem paradas ou paralisadas sem explicação aparente.

Para além das crenças mágicas, todas estas figuras têm uma carga simbólica e emocional poderosa. Funcionam como ferramentas visuais que ajudam a focar pensamentos, emoções e desejos. Os seres humanos sempre usaram símbolos para representar aquilo que temem, desejam ou precisam de transformar.

Talvez seja por isso que as velas ritualizadas continuam a fascinar tantas pessoas. Porque em cada figura há uma representação visível das lutas, esperanças e emoções mais profundas da alma humana.

Os poderes mágicos dos dias da semana.

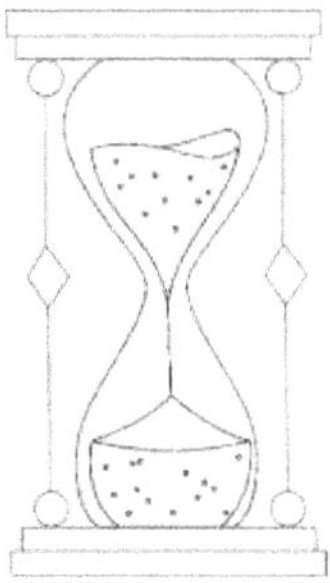

Dentro das tradições esotéricas, a magia não depende apenas da cor das velas ou da intenção do ritual. O momento em que a cerimónia decorre também é considerado muito importante. Desde tempos antigos, a astrologia, a magia e a espiritualidade estavam profundamente ligadas, e por isso cada dia da semana estava associado a certos planetas, cores e energias específicas capazes de favorecer certos tipos de trabalho espiritual.

De acordo com estas crenças, realizar um ritual no dia certo ajuda a fortalecer a intenção e a harmonizar as energias da obra mágica com as vibrações planetárias correspondentes. Isto não significa que feitiços ou rituais não possam ser realizados noutros momentos, mas considera-se que os resultados podem ser mais favoráveis quando há sincronia entre o propósito do ritual e o dia escolhido.

Cada dia da semana representa simbolicamente uma energia diferente relacionada com emoções, atividades humanas e aspetos específicos da vida. Por esta razão, as tradições esotéricas aconselham a escolher cuidadosamente o momento certo para realizar trabalhos relacionados com o amor, prosperidade, proteção, saúde ou crescimento espiritual.

Domingo – O Dia do Sol

O domingo é regido pelo Sol, símbolo de vida, força, sucesso e vitalidade. Embora astronomicamente o Sol seja uma estrela, dentro da astrologia e do simbolismo mágico é considerado o governante espiritual deste dia. As cores associadas ao domingo são amarelas, dourado e laranja, tons que representam energia, triunfo, expansão e clareza.

Os rituais realizados ao domingo estão geralmente relacionados com saúde, ambição, objetivos pessoais e crescimento profissional. É também considerado um dia favorável para empregos relacionados com o sucesso, promoções de emprego, reconhecimento social e fortalecimento da autoestima. A energia solar simboliza liderança, poder pessoal e a capacidade de avançar com determinação.

Além disso, este dia é considerado favorável para rituais relacionados com crianças, diversão, criatividade e atividades relacionadas com a expansão económica ou financeira. O Sol também representa vitalidade emocional e entusiasmo pela vida.

Segunda-feira – Dia da Lua

A segunda-feira é regida pela Lua, símbolo de emoções, intuição e sensibilidade espiritual. As cores associadas são brancas, prata e cinzento, tons relacionados com pureza, espiritualidade e mundo emocional.

Os rituais de segunda-feira estão frequentemente ligados a sonhos, intuição, emoções profundas e temas espirituais. É também um dia associado à feminilidade, aos mistérios do subconsciente e à ligação emocional com o lar e a família.

Muitas pessoas realizam cerimónias relacionadas com proteção emocional, desenvolvimento intuitivo, viagens, espiritualidade e experiências religiosas durante este dia. Também é favorável para rituais relacionados com água, oceanos, lagos e qualquer elemento ligado à sensibilidade e ao mundo interior.

Segunda-feira simboliza também a introspeção, a imaginação e a ligação com aspetos ocultos da consciência humana.

Terça-feira – Dia de Marte

Terça-feira é regida por Marte, um planeta ligado à ação, força e bravura. As suas cores principais são vermelhas, rosa e laranja, tons associados à paixão, energia física e movimento.

Os rituais realizados às terças-feiras normalmente focam-se na coragem, proteção, sexualidade, ação e superação de obstáculos. É também um dia ligado a atividades físicas, desporto, conflitos, confrontos e decisões importantes.

A energia marciana representa determinação, capacidade de luta e disposição para enfrentar dificuldades. Por isso, muitos trabalhos relacionados com defesa, justiça, cortar negatividades ou iniciar projetos difíceis são realizados durante este dia.

É também considerado favorável para atividades relacionadas com ferramentas, reparações, mecânica, cirurgia e trabalhos que exigem intensa energia e tomada de decisões rápidas.

Quarta-feira – Dia do Mercúrio

A quarta-feira é governada por Mercúrio, um planeta associado à comunicação, inteligência e aprendizagem. As cores relacionadas com este dia são o violeta e o prata, símbolos da mente, da criatividade e da clareza intelectual.

Este dia é ideal para rituais relacionados com estudos, memória, sabedoria e desenvolvimento mental. Também favorece atividades relacionadas com escrita, contratos, chamadas telefónicas, mensagens e comunicação em geral.

O trabalho espiritual realizado às quartas-feiras é geralmente orientado para a educação, música, artes visuais, aprendizagem de línguas e fortalecimento das capacidades intelectuais. Mercúrio representa rapidez de raciocínio, curiosidade e a capacidade de trocar informação.

É também um dia favorável para estudantes, escritores, artistas e pessoas relacionadas com tecnologia ou comunicação.

Quinta-feira – Dia de Júpiter

Quinta-feira é governada por Júpiter, um planeta associado à expansão, sabedoria e prosperidade. As suas cores são azúis e os tons metálicos, símbolos de grandeza, crescimento e autoridade espiritual.

Os rituais realizados às quintas-feiras focam-se geralmente na sorte, negócios, viagens longas, filosofia, religião e crescimento pessoal. É também considerado um dia poderoso para empregos relacionados com o poder político, justiça, estudos superiores e desenvolvimento espiritual.

A energia de Júpiter simboliza abundância, otimismo e expansão. Por esta razão, muitas pessoas realizam rituais relacionados com a prosperidade económica, o sucesso profissional e a abertura de caminhos durante este dia.

Também favorece atividades relacionadas com o ensino, psicologia, publicações e a busca de conhecimento aprofundado.

Sexta-feira – Dia de Vénus

Sexta-feira é regida por Vénus, planeta de amor, beleza e harmonia. As cores associadas são verdes, rosa e branco, tons relacionados com afeto, equilíbrio e sensibilidade emocional.

Os rituais realizados às sextas-feiras focam-se geralmente no amor romântico, amizades, reconciliações e relações românticas. É também considerado um dia particularmente favorável para empregos relacionados com beleza, arte, música e criatividade.

A energia venusiana simboliza harmonia, prazer e ligação emocional. Por esta razão, muitas cerimónias destinadas a atrair almas gémeas, fortalecer casamentos ou melhorar relações emocionais são realizadas neste dia.

Além disso, a sexta-feira favorece atividades sociais, decoração de casa, design, moda e qualquer expressão artística relacionada com sensibilidade e estética.

Sábado – Dia de Saturno

O sábado é regido por Saturno, um planeta associado à disciplina, ao karma e à transformação. As suas cores são pretas, cinzento e vermelho-escuro, símbolos de profundidade, responsabilidade e proteção.

Os rituais realizados no sábado estão geralmente relacionados com a proteção, neutralização das negatividades, justiça e superação de provações difíceis. É também um dia associado à reflexão, limites e ao enfrentamento de situações complexas.

A energia de Saturno simboliza paciência, maturidade e profunda transformação. Muitas pessoas realizam rituais destinados a cortar energias negativas, fortalecer o carácter e enfrentar obstáculos importantes durante este dia.

Também favorece trabalhos relacionados com direito, finanças, matemática, testamentos e responsabilidades materiais. Saturno também representa a sabedoria adquirida através da experiência e a capacidade de suportar dificuldades.

Para além das crenças esotéricas, a relação entre dias e certas energias ajuda psicologicamente a organizar as intenções e a criar momentos específicos de reflexão e concentração. Cada dia tem uma carga simbólica diferente que permite à mente focar-se emocionalmente em certos objetivos.

Talvez seja por isso que tantas tradições antigas ligavam o tempo à espiritualidade e à magia. Porque os seres humanos sempre procuraram sincronizar os seus desejos, emoções e rituais com os ciclos do universo, tentando encontrar harmonia entre a vida quotidiana e as forças misteriosas que parecem mover o mundo.

Os Teus Dias e Horas Mágicos

Dentro das tradições esotéricas e astrológicas, não é apenas importante escolher a cor certa da vela ou a fase da lua apropriada para realizar um ritual. Também é considerado essencial conhecer as chamadas horas planetárias e dias mágicos, uma vez que cada momento do dia está simbolicamente associado a certas energias espirituais e planetárias.

Para compreender este sistema, devemos primeiro saber qual é o planeta regente do nosso signo do zodíaco e também qual o planeta que governa o propósito do ritual que desejamos realizar. Segundo a tradição astrológica, cada dia da semana é influenciado por um planeta específico:

O domingo corresponde ao Sol.

Segunda-feira corresponde à Lua.

Terça-feira corresponde a Marte.

Quarta-feira corresponde a Mercúrio.

Quinta-feira corresponde a Júpiter.

Sexta-feira corresponde a Vénus.

Sábado corresponde a Saturno.

Estas associações não surgiram de forma aleatória. Desde tempos antigos, astrólogos e ocultistas observaram os movimentos das estrelas visíveis e desenvolveram sistemas simbólicos onde cada planeta representava certas emoções, atividades humanas e energias espirituais. Dessas observações nasceram as correspondências mágicas ainda hoje usadas na astrologia e em muitos rituais esotéricos.

As horas planetárias são consideradas espaços temporais dominados pela influência energética de um planeta específico. De acordo com estas crenças, cada hora tem uma vibração diferente e pode favorecer certos tipos de atividades, feitiços ou decisões importantes. Usar corretamente estas horas ajuda a reforçar a intenção dos rituais e a sincronizar as nossas ações com as energias do universo.

Muitas pessoas acreditam que os seus rituais não funcionavam simplesmente porque eram realizados em momentos energeticamente desfavoráveis. Por isso, aprender a usar correspondências planetárias é considerado uma das bases mais importantes dentro das práticas mágicas e espirituais.

Ao contrário das horas convencionais de sessenta minutos, as horas planetárias mudam constantemente consoante a estação do ano e a localização geográfica onde a pessoa se encontra.

Existem doze horas planetárias durante o dia e doze à noite. Os diurnos começam ao nascer do sol e terminam ao pôr do sol, enquanto os noturnos estendem-se do crepúsculo ao amanhecer seguinte.

As horas diurnas são frequentemente usadas para ativar intenções e pôr projetos ou desejos em movimento. As noturnas, por outro lado, estão relacionadas com energias mais intuitivas e espirituais, favorecendo a introspeção, os sonhos e o fortalecimento psíquico.

Para além de serem usados para rituais mágicos, as horas planetárias também podem ser usadas no dia a dia. Muitas tradições recomendam escolher horários específicos para assinar contratos, viajar, realizar entrevistas, namorar, pedir favores importantes ou iniciar projetos profissionais. A ideia é agir em harmonia com a energia planetária que é mais favorável para aquilo que queremos alcançar.

Nos tempos antigos, os astrólogos observavam as sete estrelas visíveis a olho nu e organizavam as suas influências segundo uma ordem específica: Saturno, Júpiter, Marte, Sol, Vénus, Mercúrio e Lua. Este ciclo foi usado para determinar a regência das horas e mais tarde deu origem ao sistema dos dias da semana que conhecemos hoje.

Foram os antigos caldeus que desenvolveram o calendário de sete dias, atribuindo a cada um o nome de um planeta ou divindade correspondente. Também descobriram que a duração do dia e da noite variava consoante as estações e que, durante os equinócios, ambos os períodos tinham a mesma duração. Por esta razão, dividiam cada dia em dois grupos de doze horas: dia e noite.

Hora do Sol

A Hora do Sol é considerada uma das mais poderosas e positivas para quase qualquer atividade importante. Favorece reuniões com influenciadores, entrevistas de emprego, negociações, promoções e projetos relacionados com o sucesso pessoal e o reconhecimento social. É também excelente para rituais relacionados com trabalho, dinheiro, promoções e para fortalecer a autoestima.

Tempo de Vénus

A Hora de Vénus está profundamente relacionada com o amor, a beleza, a harmonia e a criatividade. É ideal para atividades artísticas, encontros românticos, reconciliações, decoração de casa e qualquer assunto relacionado com relações pessoais. Muitas tradições consideram que é a melhor altura para pedir casamento em casamento, realizar feitiços de amor ou fortalecer laços emocionais.

Tempo de Mercúrio

A Hora Mercúrio favorece a comunicação, os estudos e as atividades intelectuais. É excelente para escrever, estudar, assinar contratos, enviar mensagens importantes ou conduzir negociações comerciais. É também considerado favorável para viagens curtas, aprendizagem de línguas e atividades relacionadas com tecnologia e comunicação.

Tempo de Marte

A Hora de Marte está ligada à energia física, coragem e ação. Favorece atividades desportivas, situações que exijam força emocional e rituais relacionados com proteção ou autodefesa. No entanto, devido à sua natureza impulsiva, não é recomendado para discussões importantes ou associações delicadas, pois pode favorecer conflitos ou tensões.

Tempo da Lua

A Hora da Lua está relacionada com emoções, intuição e assuntos domésticos. Favorece questões familiares, fertilidade, espiritualidade e ligação emocional. É também considerado excelente para rituais relacionados com casa, maternidade, sonhos e sensibilidade intuitiva.

Tempo de Saturno

O Tempo de Saturno tem uma energia mais séria, lenta e reflexiva. Está relacionado com estruturas, imobiliário, construção e questões legais. Também favorece rituais de proteção, neutralização e sabedoria espiritual. Devido à sua natureza restritiva, muitas tradições recomendam a prudência durante esta hora para questões sociais ou emocionais sensíveis.

Hora de Júpiter

O Tempo de Júpiter simboliza prosperidade, expansão e crescimento. É especialmente favorável para negócios, viagens longas, assuntos legais e projetos profissionais importantes. Muitas pessoas realizam rituais relacionados com dinheiro, sucesso no trabalho, proteção espiritual e recuperação da saúde durante esta hora.

O cálculo das horas planetárias depende da duração da luz solar e da escuridão em cada local e estação do ano. Para os calcular corretamente, deve primeiro saber a hora exata do nascer e pôr do sol. O número total de minutos de luz do dia é então dividido por doze, obtendo assim a duração de cada hora planetária diurna. O mesmo procedimento é feito no período noturno.

Muitas pessoas combinam o dia planetário com o tempo correspondente para fortalecer ainda mais os seus rituais. Por exemplo, um feitiço relacionado com o amor realizado na sexta-feira, na Hora de Vénus, é considerado especialmente poderoso. De forma semelhante, um ritual de prosperidade realizado na quinta-feira durante a Hora de Júpiter simboliza a expansão económica e o sucesso material.

Para além das crenças esotéricas, este sistema reflete o antigo desejo humano de viver em harmonia com os ciclos do universo. As horas planetárias funcionam também como uma forma simbólica de organizar intenções, emoções e objetivos pessoais de acordo com ritmos naturais e espirituais.

Talvez seja por isso que estas tradições sobreviveram durante tantos séculos. Porque os seres humanos sempre sentiram a necessidade de encontrar momentos especiais onde o tempo parece alinhar-se com os seus desejos, esperanças e sonhos mais profundos.

Exemplo de cálculo das horas planetárias

Para compreender melhor como funcionam as horas planetárias, podemos usar um exemplo prático. Imaginemos que queremos calcular as horas planetárias de 7 de dezembro de 2020 na cidade de Las Vegas. Esse dia era segunda-feira, portanto, segundo a tradição astrológica, a primeira hora planetária do dia pertence à Lua, porque a Lua é o regente da segunda-feira.

Neste exemplo, o nascer do sol ocorre às 5:11 da manhã e o pôr do sol às 18:38. Para calcular a duração do dia, a hora do nascer do sol é subtraída da hora do pôr do sol. O resultado são 13 horas e 27 minutos de luz do dia. Como as horas planetárias diurnas estão divididas em doze partes iguais, temos de converter esse tempo total em minutos. Treze horas equivalem a 780 minutos, e somar 27 minutos dá-nos 807 minutos de luz. Depois dividimos esses 807 minutos por 12, o que nos dá uma duração aproximada de 67 minutos para cada tempo planetário diurno, ou seja, 1 hora e 7 minutos.

Isto significa que a primeira hora planetária começa exatamente ao nascer do sol, às 5:11 da manhã, e termina 1 hora e 7 minutos depois, aproximadamente às 6:18 da manhã. Como o dia é segunda-feira, esta primeira hora é regida pela Lua. O segundo tempo planetário segue a ordem tradicional dos planetas e seria regido por Saturno, começando em 6:18 e terminando por volta das 7:25. A partir daí, a antiga ordem planetária continua a ser seguida: Saturno, Júpiter, Marte, Sol, Vénus, Mercúrio e Lua.

As horas da noite são calculadas da mesma forma, mas usando o período entre o pôr do sol e o nascer do sol no dia seguinte. Neste caso, se o dia teve 13 horas e 27 minutos de luz, a noite terá 10 horas e 33 minutos. Converter essa duração em minutos dá-nos 633 minutos. Depois dividimos 633 por 12 e o resultado é cerca de 52 minutos e 45 segundos para cada hora planetária noturna.

Isto mostra porque é que as horas planetárias nem sempre duram 60 minutos. A sua duração varia consoante a estação do ano, a cidade onde se encontra e a quantidade de luz solar disponível. No verão, as horas planetárias diurnas são geralmente mais longas porque há mais luz solar, enquanto no inverno são mais curtas. O oposto acontece com as horas da noite.

Embora este cálculo possa parecer complicado à primeira vista, não precisa de se atormentar com matemática. Hoje existem ferramentas online, como planetaryhours.net, que permitem calcular rapidamente as horas planetárias de acordo com a data e o local. O importante é compreender o princípio básico do sistema e conhecer os símbolos tradicionais dos planetas usados na astrologia antiga. Neste método, são usados apenas os sete planetas clássicos: Sol, Lua, Marte, Mercúrio, Júpiter, Vénus e Saturno. Úrano, Neptuno e Plutão não estão incluídos porque estes planetas não faziam parte do sistema astrológico tradicional visível a olho nu.

Para usar corretamente as horas planetárias nos rituais, deve ser escolhido o tempo que corresponde ao propósito da obra mágica. Por exemplo, se o ritual estiver relacionado com amor, reconciliações ou relações afetivas, recomenda-se procurar o tempo de Vénus. Se o objetivo for prosperidade, expansão económica ou questões legais, o tempo de Júpiter será mais favorável. Para rituais de proteção, limites ou neutralização de energias negativas, pode-se usar o tempo de Saturno. Para assuntos de comunicação, contratos ou estudos, o tempo de Mercúrio é mais adequado.

Outro aspeto importante dentro destas tradições é Mercúrio retrógrado. Este período ocorre três ou quatro vezes por ano e é considerado uma fase sensível para assuntos relacionados com comunicação, documentos, contratos, viagens curtas, comércio e decisões importantes. Durante a retrogradação de Mercúrio, muitas fontes astrológicas recomendam evitar assinar acordos relevantes, iniciar projetos empresariais importantes ou tomar decisões que dependam demasiado de informação, mensagens ou negociações.

Isto não significa que a vida deva parar completamente, mas é aconselhável agir com mais prudência, rever os documentos cuidadosamente e evitar pressas. As decisões tomadas durante este período podem necessitar de correção ou modificação numa data posterior. Também se recomenda evitar cirurgias não urgentes nesta fase, a menos que se trate de uma emergência médica.

Se por algum motivo for necessário realizar um ritual ou feitiço durante Mercúrio retrógrado, muitas tradições aconselham primeiro realizar uma limpeza energética ou um banho espiritual. O objetivo deste banho é purificar a aura, neutralizar confusões e preparar melhor a energia pessoal antes de iniciar o trabalho espiritual.

Este tipo de banho simbólico é geralmente feito com plantas relacionadas com a limpeza, clareza mental e proteção espiritual. O seu objetivo não é apenas "neutralizar" os efeitos do Mercúrio retrógrado, mas também ajudar a pessoa a entrar num estado de calma, foco e equilíbrio emocional. Desta forma, o ritual é realizado com maior serenidade e menos interferência mental.

Para além das crenças esotéricas, o sistema temporal planetário ensina algo importante: a necessidade de escolher cuidadosamente o momento para agir. Por vezes, o sucesso de um projeto depende não só da intenção, mas também da preparação, paciência e da capacidade de esperar pelo momento mais favorável. As horas planetárias funcionam como um guia simbólico para ordenar as nossas ações e ligar os nossos rituais aos ciclos naturais do tempo.

Banho para o Período Retrógrado de Mercúrio

Dentro das tradições esotéricas e astrológicas, o período de Mercúrio retrógrado é considerado um período de confusão mental, atrasos, mal-entendidos e obstáculos relacionados com a comunicação, contratos, viagens e tecnologia. Muitas pessoas sentem, durante este ciclo, maior ansiedade, exaustão emocional ou uma sensação de desordem nos seus planos e pensamentos. Por esta razão, inúmeras correntes espirituais recomendam a limpeza energética destinada a purificar a aura, recuperar a clareza mental e diminuir as tensões associadas a esta influência astrológica.

Um dos métodos mais usados é realizar um banho espiritual com plantas protetoras e purificadoras. Estas ervas têm sido usadas há séculos em rituais de purificação devido aos seus aromas, propriedades naturais e forte simbolismo espiritual. O objetivo deste banho não é apenas "neutralizar" o retrógrado de Mercúrio, mas também ajudar a pessoa a relaxar, reorganizar a sua energia emocional e preparar-se espiritualmente antes de realizar rituais, tomar decisões importantes ou iniciar novos projetos.

Para preparar este banho, precisa de escolher três plantas entre as seguintes opções: arruda, sálvia, alecrim, lavanda, hortelã ou louro. Cada um tem um simbolismo diferente nas práticas espirituais. A ruda está relacionada com a proteção e eliminação das negatividades. A sálvia simboliza purificação e limpeza profunda. O alecrim está associado à clareza mental e à força espiritual. A lavanda traz tranquilidade emocional e harmonia. A hortelã representa renovação energética e frescura mental, enquanto o louro simboliza sucesso, proteção e abertura de caminhos.

Estas plantas podem ser encontradas em botânicos, lojas esotéricas ou até em mercados naturais onde vendem ervas frescas ou secas. O importante é escolher aqueles com quem a pessoa sente a maior ligação intuitiva e emocional.

Depois de selecionadas as três plantas, deve pegar num vaso grande e enchê-lo com água suficiente para preparar a infusão. Depois colocas as ervas dentro da água e deixas-mas ferver lentamente até libertarem completamente os seus aromas e propriedades. Enquanto a água ferve, muitas pessoas aproveitam para se concentrarem mentalmente no que querem limpar, libertar ou transformar nas suas vidas.

O vapor aromático das plantas também tem um efeito relaxante que ajuda a reduzir tensões e criar um ambiente espiritual mais calmo. O cheiro destas ervas tem sido usado durante séculos em cerimónias de purificação precisamente porque favorece estados de calma, introspeção e equilíbrio emocional.

Quando a preparação estiver completamente fervida, deve retirá-la do fogo e deixá-la arrefecer até atingir uma temperatura confortável para o corpo. Depois, o líquido é coado para separar as plantas e preservar apenas a água preparada.

O banho deve ser feito preferencialmente num ambiente calmo e sem interrupções. Primeiro, toma banho normalmente, como faz diariamente, limpando o corpo regularmente. Este passo simboliza a limpeza física anterior antes de avançar para a purificação de energia.

Depois do banho normal, começas a verter lentamente a água das solas da cabeça, deixando-a descer pelo corpo até aos pés. À medida que a água cai, muitas tradições recomendam visualizar como as preocupações, tensões e energias negativas vão e vêm gradualmente.

A cabeça tem grande importância simbólica neste ritual porque representa a mente, os pensamentos e a clareza emocional. Começando de cima para baixo, o banho simboliza a limpeza completa da aura e das cargas emocionais acumuladas.

Depois de terminar, deve esperar alguns segundos antes de secar. Segundo estas crenças, esse breve momento permite que as propriedades energéticas das plantas penetrem simbolicamente na aura e ajudem a restaurar o equilíbrio espiritual. Muitas pessoas preferem secar ao ar ou deixar que parte da água seja absorvida naturalmente pela pele.

O principal objetivo deste ritual é produzir uma sensação de renovação emocional e mental. Após o banho, muitas pessoas relatam sentir-se mais leves, calmas e focadas. Independentemente das crenças espirituais, o simples ato de parar, relaxar e realizar uma cerimónia de autocuidado tem um efeito psicológico positivo no estado emocional de cada um.

Este tipo de banhos também funciona como rituais simbólicos de libertação. Ajudam a pessoa a marcar emocionalmente o encerramento de preocupações, tensões ou pensamentos negativos acumulados durante períodos difíceis. O aroma das plantas, a água quente e uma atmosfera tranquila promovem estados de relaxamento semelhantes à meditação.

No esoterismo, considera-se que uma pessoa energeticamente limpa e emocionalmente equilibrada tem mais facilidade em atrair oportunidades positivas e desenvolver rituais com melhor concentração e clareza mental. Por isso, muitas tradições recomendam a realização de banhos espirituais antes de cerimónias importantes ou durante períodos astrológicos considerados intensos.

Para além da astrologia e da magia, este ritual reflete algo profundamente humano: a necessidade de parar, respirar e renovar emocionalmente a energia interior quando a mente se sente saturada ou confusa. Por vezes, a verdadeira mudança começa precisamente nesses pequenos momentos de silêncio, água, aromas e calma em que sentimos que, por um instante, podemos recomeçar com o espírito mais leve e o coração mais calmo.

O Círculo Mágico e a Proteção dos Rituais

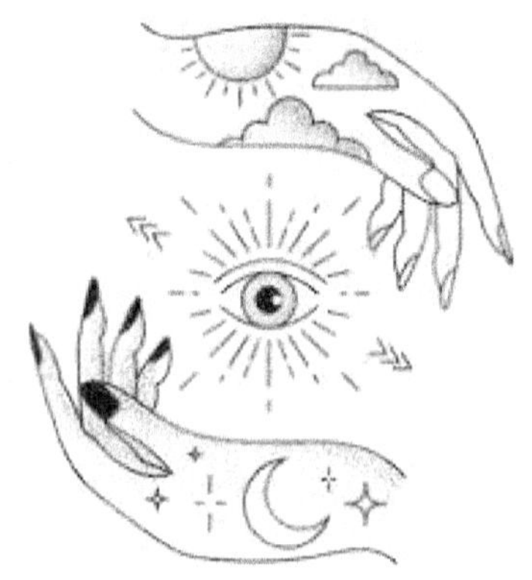

O círculo mágico é um dos símbolos mais importantes nas práticas esotéricas, rituais e cerimónias espirituais. Desde tempos antigos, tem sido usado como um espaço consagrado destinado a proteger, concentrar e canalizar energias durante obras mágicas, invocações e cerimónias espirituais. Mais do que uma simples figura traçada no chão, o círculo representa uma barreira simbólica entre o mundo quotidiano e o espaço sagrado onde o ritual decorre.

Em muitas tradições ocultas, o círculo mágico funciona como uma espécie de proteção energética que ajuda a isolar a pessoa de influências negativas externas, enquanto concentra a energia necessária para realizar trabalho espiritual. É considerado um espaço à prova de falhas e seguro onde emoções, pensamentos e intenções podem desenvolver-se sem interrupções ou interferências energéticas.

O círculo tem também um profundo significado psicológico e espiritual. Ao delimitar fisicamente um espaço específico para o ritual, a mente entra num estado diferente de concentração e solenidade. O simples ato de criar o círculo ajuda a pessoa a separar-se mentalmente das preocupações do dia a dia e a focar-se completamente no propósito da cerimónia.

Dentro deste espaço consagrado, segundo tradições esotéricas, a pessoa pode realizar invocações, meditações ou rituais dirigidos a diferentes forças espirituais ou energéticas. Muitas correntes acreditam que o círculo atua como um limite simbólico que protege tanto o praticante como qualquer pessoa que participe na cerimónia.

O círculo deve ser mantido limpo, ordenado e respeitado para manter a sua função protetora. Por esta razão, antes de iniciar qualquer ritual, recomenda-se purificar física e energeticamente o local escolhido. A limpeza dos materiais é de grande importância dentro do simbolismo mágico porque a desordem é vista como uma representação de energias estagnadas ou dispersas.

Antes de desenhar o círculo, é aconselhável organizar o espaço, limpar o chão, remover objetos desnecessários e criar uma atmosfera calma e harmoniosa. Algumas pessoas usam incenso, velas ou plantas aromáticas para complementar esta purificação energética e promover um ambiente mais relaxado e espiritual.

A preparação prévia inclui também rever cuidadosamente todos os elementos necessários para o ritual. Depois de traçado o círculo, o ideal é não interromper a cerimónia indo constantemente à procura de objetos esquecidos. Por esta razão, muitas tradições recomendam ter velas, quartzo, óleos, ervas, recipientes e quaisquer ferramentas necessárias preparadas com antecedência.

Se durante o ritual surgir a necessidade de sair temporariamente do círculo, algumas correntes esotéricas aconselham simbolicamente imaginar uma pequena porta energética que possa ser aberta e fechada sem quebrar completamente a proteção do espaço. Este gesto ajuda a manter intacta a concentração emocional e simbólica do ritual.

Não existe uma única forma certa de desenhar um círculo mágico. Cada tradição e cada pessoa desenvolve métodos diferentes de acordo com as suas crenças e experiências. Algumas pessoas usam uma varinha mágica, enquanto outras

preferem simplesmente usar a mão dominante. O importante
não é o objeto utilizado, mas a intenção e concentração com
que o layout é feito.

O instrumento utilizado normalmente não toca fisicamente no
chão. É mantido apontado para baixo enquanto a pessoa
visualiza a energia a fluir de dentro para o braço dominante e a
projetar-se no espaço que delimita o círculo. Muitas tradições
descrevem este processo como uma projeção consciente de
energia protetora.

Durante o traçado, a pessoa deve concentrar-se profundamente
e imaginar uma corrente leve ou um raio energético a emanar
do instrumento ou da mão, formando lentamente o contorno do
círculo no chão. A visualização é de grande importância neste
processo porque simbolicamente fortalece o sentido de proteção
e de ligação espiritual.

Alguns praticantes invocam as quatro direções cardeais: norte,
sul, este e oeste, especialmente quando o ritual envolve
cerimónias espirituais mais complexas ou obras de invocação.
Cada direção tem um simbolismo relacionado com os
elementos da natureza e com certas energias espirituais.

O Norte está geralmente relacionado com a terra e a
estabilidade. O Sul, com fogo e transformação. A leste, com ar

e comunicações. O Oeste com água e emoções. Invocar estes pontos simboliza o equilíbrio entre as forças naturais e a harmonia energética dentro do ritual.

Em alguns casos, o círculo pode também ser delimitado com velas, pedras, flores ou quartzo colocados em redor do espaço cerimonial. Muitas pessoas consideram a turmalina negra especialmente protetora, uma pedra associada à absorção da negatividade e à defesa energética.

Uma prática muito comum é colocar quatro turmalinas pretas nos quatro pontos cardeais para reforçar visual e simbolicamente a proteção do círculo. Estas pedras representam estabilidade e ajudam a criar uma sensação emocional de segurança e foco durante o ritual.

O círculo mágico não deve ser imaginado apenas como uma linha no chão. Muitas tradições recomendam visualizá-lo como uma esfera completa de energia que envolve o espaço cerimonial, formando uma espécie de bolha protetora em torno dos participantes da cerimónia.

Uma vez desenhado o círculo, o ritual pode começar. No entanto, é importante manter conscientemente a sensação de estar dentro de um espaço sagrado e protegido. O círculo simboliza concentração, respeito e ligação espiritual, por isso não deve ser tratado como um simples desenho decorativo.

A abertura e o fecho do círculo também têm significado simbólico. Tradicionalmente, o círculo abre-se traçando-o no sentido dos ponteiros do relógio, um movimento associado à criação, expansão e ativação energética. Para a fechar e dissolver a energia acumulada, o movimento é feito no sentido anti-horário, simbolizando a conclusão e o regresso ao equilíbrio diário.

Depois do ritual, se o quartzo foi usado para proteção, muitas tradições recomendam limpá-lo com sal marinho para remover qualquer energia acumulada durante a cerimónia. Este ato simboliza renovação e preparação para o trabalho espiritual futuro.

Para além das crenças sobrenaturais, o círculo mágico também funciona como uma poderosa ferramenta psicológica. Delimitar um espaço especial para meditação, reflexão ou cerimónias ajuda a mente a entrar em estados profundos de concentração e calma emocional.

Talvez seja por isso que o símbolo do círculo esteve presente em tantas culturas e práticas espirituais ao longo da história. Porque os seres humanos sempre sentiram a necessidade de criar espaços protegidos onde possam sentir-se seguros, ligados a si próprios e temporariamente separados do ruído e das preocupações do mundo exterior.

Resumo

Para compreender verdadeiramente o significado dos rituais à luz de velas, é importante lembrar que cada cerimónia espiritual tem duas fases fundamentais: preparação e execução. Ambos são igualmente importantes porque um ritual não começa no momento de acender a vela, mas sim quando a pessoa organiza mental, emocional e fisicamente tudo o que irá participar na cerimónia.

A preparação representa o nascimento da intenção. É o momento em que a pessoa define claramente o que quer alcançar, qual é o propósito espiritual do ritual e que energias precisa de mobilizar para alcançar esse objetivo. Muitas tradições esotéricas consideram que um ritual mal preparado perde força porque a energia emocional se dispersa e a concentração diminui.

Durante esta primeira fase, todos os elementos necessários devem ser cuidadosamente organizados. O dia mais favorável é definido de acordo com a energia planetária correspondente, o momento apropriado, a fase lunar e a cor das velas que melhor harmonizam com o propósito da cerimónia. Cada detalhe tem um simbolismo específico e ajuda a fortalecer a intenção espiritual da obra mágica.

Também é escolhido o incenso, quartzo, óleos essenciais, plantas, símbolos e qualquer outro elemento que participe no ritual. O altar deve ser preparado antecipadamente, organizando cada objeto com harmonia e equilíbrio para criar um ambiente propício à concentração e serenidade emocional.

A roupa usada durante a cerimónia também possui importância simbólica em muitas tradições espirituais. Recomenda-se usar roupas confortáveis e leves, preferencialmente brancas ou de cores claras. Estas cores simbolizam pureza, tranquilidade e abertura energética. Além disso, a roupa leve facilita o movimento do corpo e ajuda a pessoa a sentir-se mais relaxada e ligada consigo mesma durante o ritual.

Tudo o que vai ser usado deve estar pronto antes de começar. Isto inclui velas, fósforos de madeira, vasos, orações, invocações e textos cerimoniais. A preparação prévia evita interrupções desnecessárias e ajuda a manter intacta a concentração energética e emocional do ritual.

Uma vez concluída a organização, começa a segunda fase: a execução. Este momento representa a ativação da intenção espiritual e a iniciação consciente da cerimónia. Antes de acender qualquer vela, deve ser realizada novamente uma limpeza do espaço físico e energético onde o ritual terá lugar.

A purificação do ambiente pode ser feita com incenso, plantas aromáticas, água floral, sons suaves ou simplesmente arrumando cuidadosamente o espaço. O objetivo é criar um espaço calmo, harmonioso e livre de tensão que favoreça a concentração e a calma mental.

O relaxamento da pessoa também é essencial. Não basta apenas sentir-se espiritualmente calmo; O corpo também deve estar relaxado. Muitas tradições recomendam respirar fundo, libertar a tensão muscular e acalmar a mente antes de iniciar a cerimónia. Um corpo tenso ou uma mente alterada dificultam a concentração e enfraquecem a clareza emocional necessária para o ritual.

Depois, abre-se o círculo mágico, um espaço simbólico de proteção e concentração de energia onde a cerimónia terá lugar. Uma vez dentro do círculo, a pessoa deve começar a visualizar mentalmente o propósito do ritual como se já estivesse cumprido. Esta visualização é considerada uma das partes mais importantes do trabalho espiritual.

A mente deve imaginar claramente o resultado desejado: harmonia, prosperidade, reconciliação, proteção ou qualquer objetivo relacionado com o ritual. Segundo muitas correntes esotéricas, a visualização fortalece as vibrações emocionais e ajuda a direcionar conscientemente a energia do ritual para o propósito declarado.

As invocações e orações também ocupam um lugar central dentro da cerimónia. As palavras ditas durante o ritual são consideradas pontes simbólicas entre o mundo material e o mundo espiritual. Através deles, a pessoa expressa os seus desejos, intenções e emoções em relação ao que considera superior ou sagrado.

Por esta razão, muitas tradições recomendam repetir as orações e invocações correspondentes ao ritual exatamente, sem modificar palavras ou alterar as instruções originais. Cada frase é considerada possuir uma estrutura energética específica destinada a reforçar a ligação espiritual e manter o equilíbrio da cerimónia.

As invocações também funcionam como ferramentas para a concentração emocional. Ao repeti-las cuidadosamente, a mente mantém-se focada no propósito do ritual e evita distrações externas. A repetição rítmica das palavras também ajuda a criar estados de calma e meditação profunda.

Em muitos fluxos espirituais, anjos, arcanjos, santos ou guias espirituais são considerados intercessores simbólicos entre a pessoa e o universo. Representam proteção, esperança e acompanhamento espiritual durante tempos difíceis ou processos importantes de transformação emocional.

Por isso, as palavras ditas durante o ritual devem ser feitas com fé, confiança e sinceridade emocional. Para além das crenças religiosas ou esotéricas, a intenção autêntica e a convicção interior são consideradas essenciais para dar força simbólica ao ritual.

Também é importante lembrar certos detalhes tradicionais relacionados com o uso de velas. Recomenda-se acendê-los sempre com fósforos ou fósforos de madeira, pois simbolizam uma ligação mais natural e harmoniosa com o elemento fogo. Muitas tradições evitam o uso de isqueiros eletrónicos porque sentem que interferem com a pureza simbólica do ritual.

As velas devem ser previamente ungidas ou consagradas usando óleos essenciais ou preparações rituais. Este ato simboliza a ativação espiritual da vela e reforça a intenção energética relacionada com o propósito da cerimónia.

Finalmente, quando o ritual termina, nunca deve esquecer-se de fechar corretamente o círculo mágico. Este passo simboliza o fim da cerimónia e o regresso consciente ao espaço quotidiano. Fechar o círculo representa equilíbrio, proteção e a conclusão adequada do trabalho espiritual realizado.

Para além das crenças mágicas, toda esta preparação reflete algo profundamente humano: a necessidade de criar momentos especiais de silêncio, concentração e esperança perante as dificuldades da vida. Os rituais funcionam frequentemente como atos simbólicos onde a pessoa organiza emocionalmente os seus desejos, fortalece a sua vontade e encontra tranquilidade interior.

Talvez seja por isso que as velas continuam a acompanhar cerimónias espirituais há séculos. Porque a sua chama representa algo simples, mas poderoso: a capacidade humana de continuar a procurar luz, sentido e esperança mesmo no meio da incerteza e da escuridão.

Água Benta, Água Benta e Água da Lua

Em muitos rituais espirituais e cerimónias esotéricas, a Água Benta é usada como elemento de purificação, proteção e purificação energética. No entanto, existe a crença errada de que este tipo de água só pode ser obtido em igrejas, templos ou locais religiosos. Desde tempos antigos, inúmeras tradições espirituais ensinaram que qualquer pessoa pode preparar a sua própria água benta ou água benta usando intenção, concentração e elementos simples presentes em casa.

A água tem sido considerada desde as civilizações mais antigas como um símbolo de vida, renovação e purificação. Rios, mares, lagos e chuvas estiveram sempre associados à purificação espiritual e à transformação emocional. Por essa razão, a água ocupa um lugar central em inúmeros rituais mágicos, religiosos e energéticos em todo o mundo.

Nas práticas esotéricas, a água benta é usada para limpar espaços, proteger pessoas, purificar objetos rituais e eliminar energias negativas acumuladas. Também é usada para abençoar altares, velas, quartzo, amuletos e ferramentas espirituais antes de realizar cerimónias importantes.

Muitas pessoas preferem chamar-lhe "água sagrada" porque acreditam que o verdadeiro poder desta preparação vem da intenção, concentração e energia emocional depositadas durante a preparação. Para além de qualquer religião específica, o ritual simboliza purificação, harmonia e ligação espiritual.

Um dos aspetos mais interessantes desta preparação é a sua simplicidade. Os principais elementos são facilmente encontrados em qualquer casa e possuem um simbolismo profundo dentro das tradições espirituais.

Materiais para preparar água benta ou água benta

Vai precisar de:

> Um copo de água normal.
> Uma colher de sopa de sal marinho ou sal do Himalaia.

A água representa vida, sensibilidade, intuição e purificação espiritual. O sal, por outro lado, tem sido usado durante séculos como símbolo de purificação e proteção energética. Muitas culturas consideravam o sal uma substância capaz de absorver negatividade e proteger contra más influências.

O sal marinho tem um forte simbolismo relacionado com os ciclos de purificação do oceano, da natureza e da energia. O sal cor-de-rosa do Himalaia é também amplamente utilizado devido à sua associação com o equilíbrio, harmonia e purificação espiritual.

Para começar a preparação, deve colocar o recipiente com água do lado esquerdo e o sal do lado direito, ambos à sua frente. O material dos recipientes não é importante; podem ser usados vidros, cerâmicas ou plásticos, vidros ou recipientes. O essencial dentro do ritual não é o luxo dos objetos, mas a intenção e concentração com que a cerimónia é realizada.

Quando os elementos estiverem organizados, coloque a mão direita na água e a esquerda no sal, cruzando ligeiramente os braços. Este gesto tem um significado simbólico relacionado com o equilíbrio energético e a união dos elementos purificadores.

A mão direita está geralmente associada à ação, energia e transmissão espiritual, enquanto a esquerda representa receção, intuição e sensibilidade emocional. Cruzá-los sobre os elementos simboliza a ligação entre intenção e purificação.

Depois, deve pronunciar lentamente, em voz alta ou mentalmente, a seguinte invocação:

"Pelo poder que tenho, liberto estes elementos de toda a negatividade, que a luz do universo os purifique, e quando se unirem, só estarão em sintonia com tudo o que é bondade e amor."

Estas palavras funcionam como uma afirmação de purificação energética, proteção e harmonização. Não se trata apenas de repetir uma frase, mas de realmente concentrar-se na intenção de purificar os elementos e carregá-los simbolicamente com energias positivas.

Muitas tradições consideram que as palavras possuem vibração emocional e espiritual. Por isso, recomenda-se pronunciar a invocação devagar, calmamente e com total concentração mental.

Após a invocação, adiciona-se sal à água e mistura-se suavemente até se dissolver completamente. Algumas pessoas preferem fazer isto usando movimentos circulares no sentido dos ponteiros do relógio, símbolo de criação e ativação energética.

Uma vez concluída a preparação, a água pode ser usada em rituais espirituais ou cerimónias de purificação energética.

Muitas pessoas pulverizam algumas gotas nos cantos da casa para purificar o ambiente, enquanto outras usam-nas para abençoar objetos rituais ou limpar energeticamente divisões e altares.

Também pode ser usado simbolicamente em portas, janelas ou espaços onde se percebe tensão emocional ou uma sensação de peso energético. O ato de aspergir água benta representa purificação, renovação e abertura a energias mais harmoniosas e calmantes.

Para além das crenças esotéricas, este tipo de rituais também tem um importante efeito psicológico e emocional. Preparar água benta obriga-o a parar, concentrar-se e criar um momento de calma consciente. O simples ato de dedicar tempo a limpar simbolicamente um espaço ou a si próprio ajuda a gerar uma sensação de ordem, tranquilidade e renovação interior.

A combinação de água, sal e intenção emocional também produz uma experiência profundamente meditativa. Muitas pessoas sentem alívio emocional simplesmente porque o ritual lhes permite libertar a tensão, focar-se mentalmente e recuperar um sentido de controlo sobre o ambiente.

Talvez seja por isso que a água ocupou um lugar tão importante nas cerimónias espirituais de praticamente todas as culturas humanas. Porque a água simboliza algo universal: a capacidade de purificar, transformar e recomeçar. Tal como a chuva purifica a terra após uma tempestade, estes rituais representam o desejo humano de libertar o que pesa emocionalmente e dar lugar à calma, esperança e renovação interior.

Sobre o Autor

Alina Rubi é astróloga, escritora espiritual e investigadora dedicada ao estudo da astrologia, metafísica, numerologia, simbolismo, espiritualidade, rituais e transformação pessoal. Através dos seus livros e ensinamentos espirituais, explora as dimensões emocionais, psicológicas e energéticas da vida humana, combinando antigas tradições místicas com reflexões modernas sobre o amor, destino, relações, consciência e crescimento espiritual. O seu trabalho procura ajudar os leitores a compreenderem-se melhor a si próprios, as suas emoções e as energias invisíveis que influenciam a vida quotidiana.

Durante muitos anos, Alina Rubi desenvolveu conteúdos extensos relacionados com signos do zodíaco, influências planetárias, rituais espirituais, purificações energéticas, manifestação, cura emocional, simbolismo sagrado, prosperidade e autodescoberta. O seu estilo de escrita combina espiritualidade, intuição, análise emocional, humor e orientação prática, criando livros que são ao mesmo tempo reflexivos e acessíveis a leitores interessados em astrologia e conhecimento esotérico.

O seu trabalho explora frequentemente temas como compatibilidade amorosa, psicologia emocional através da astrologia, despertar espiritual, numerologia, energia lunar, proteção energética, relações kármicas, rituais de prosperidade, anjos, tradições metafísicas e o significado espiritual por detrás das experiências da vida. É especialmente reconhecida pela sua capacidade de explicar conceitos espirituais complexos de forma calorosa, emocional e fácil de compreender, permitindo aos leitores conectarem-se profundamente com o material, independentemente do seu nível de experiência em astrologia ou espiritualidade.

Inspirada por tradições antigas, simbolismo, filosofia, cura emocional e exploração espiritual, Alina Rubi escreveu e colaborou em inúmeros livros relacionados com astrologia, espiritualidade, rituais, metafísica e desenvolvimento pessoal. As suas obras alcançaram leitores interessados em compreender as forças emocionais e energéticas mais profundas que moldam as relações, a evolução pessoal, o destino e a consciência humana.

Ao longo da sua carreira literária, Alina Rubi continuou a expandir o seu trabalho para múltiplos temas espirituais e metafísicos, incluindo a psicologia dos signos do zodíaco, proteção espiritual, rituais sagrados, técnicas de manifestação, práticas de prosperidade, transformação emocional, ciclos lunares e as tradições místicas de diferentes culturas em todo o mundo. Os seus escritos destacam-se pela profundidade emocional, perspetiva espiritual, abordagem intuitiva e uma forte ligação ao empoderamento pessoal e ao crescimento interior.

Em colaboração com Angeline Rubi, participou no desenvolvimento de publicações espirituais multilíngues focadas em astrologia, metafísica, rituais, trabalho energético, numerologia, cura emocional e estudos esotéricos. Juntos, as suas obras procuram inspirar reflexão, consciência emocional, curiosidade espiritual e transformação pessoal em leitores de diferentes culturas e origens.

Através dos seus livros, Alina Rubi incentiva os leitores a reconectarem-se com a sua intuição, confiarem na sua voz interior, curarem-se emocionalmente e descobrirem o significado espiritual escondido nas experiências da vida. O seu trabalho continua a crescer através de livros, projetos espirituais e conteúdos educativos dedicados a ajudar as pessoas a navegar pelo amor, transformação, abundância, relações, espiritualidade e evolução emocional com maior consciência e compreensão.